novum pro

AF159539

Gustav Weiss

Feuer des SCHMERZES

Verbrannte Liebe

novum pro

Bibliografische Information
der Deutschen Nationalbibliothek:

Die Deutsche Nationalbibliothek
verzeichnet diese Publikation in
der Deutschen Nationalbibliografie.
Detaillierte bibliografische Daten
sind im Internet über
http://www.d-nb.de abrufbar.

Alle Rechte der Verbreitung,
auch durch Film, Funk und Fernsehen,
fotomechanische Wiedergabe,
Tonträger, elektronische Datenträger
und auszugsweisen Nachdruck,
sind vorbehalten.

Gedruckt in der Europäischen Union
auf umweltfreundlichem, chlor- und
säurefrei gebleichtem Papier.

© 2024 novum Verlag

ISBN 978-3-99003-244-2
Lektorat: Sandra Pichler
Umschlagfoto:
Macrolink I Dreamstime.com
Umschlaggestaltung, Layout & Satz:
novum Verlag

www.novumverlag.com

Inhaltsverzeichnis

1. Vorwort 7

2. Psychiatrische Klinik 9

3. Rückblende 13

4. Zwölf Jahre später 17

5. Grosse Liebe 24

6. Drei Monate später 32

7. Der Psychiater 45

8. Leben in den Bergen 47

9. Nachwort 92

1. VORWORT

Dieses Buch handelt von einer normalen Familie – bis zu dem Tag, an dem es eben passierte. Es ist eine fiktive Geschichte, basiert aber auf einer wahren Begebenheit und sollte viele Menschen zum Nachdenken anregen. Allfällige Orte und Namen sind frei erfunden, und jegliche Ähnlichkeiten wären rein zufällig.

Immer wieder passieren grauenhafte Tragödien, die erst viel später erahnen lassen, welch tragische Schicksale dahinterstecken. Es ist oftmals eine Mischung aus jahrelangen Sticheleien und Unterdrückung, Gewalt und einem Klima der Angst, welche diese schier unglaublichen Geschehnisse in einem Inferno enden lässt, bis schließlich auch die Öffentlichkeit diese als solche anerkennt. Wie ein Puzzle werden alle Elemente zusammengetragen, bis schließlich das ganze Ausmaß des Unglücks erkennbar wird und selbst abgebrühten Polizisten den Herzschlag zum Stocken bringt.

Und alle fragen sich dann: Warum kam es zu diesem schrecklichen Ende? Die Betroffenen stehen noch heute unter Schock und erst jahrelange psychotherapeutische Behandlungen werden die Knoten lösen, die sich in ihre Herzen vergraben haben und dort wie ein schwerer Sack auf dem Magen liegen. Wenn überhaupt noch zu helfen ist.

Ein herzlicher Dank geht an die Menschen, die mich ermutigt haben, darüber ein Buch zu schreiben, und die mir auch die entsprechenden Unterstützungen nicht verwehrt haben. Ich schreibe unter einem Pseudonym, um die betroffenen Personen zu schützen, denn sie sollen nicht mehr unter diesem Schicksal leiden. Ich hoffe, dass viele Menschen dieses Buch kaufen und lesen, um sich eine radikale Horizonterweiterung zu erschließen. Öffnet die Augen, mischt euch ein, fragt nach was und wie und wer und wo. Zudem geht ein Teil des Erlöses dieses Buches an die Betroffenen.

Ich hoffe, damit einen weiteren Schritt vorwärtszugehen, um solche Lebenserfahrungen für zukünftige Generationen zu verhindern.

Der Autor Gustav Weiss

2. PSYCHIATRISCHE KLINIK

Frau Zellweger stellte den Blinker und bog nach links gegen ein großes Gebäude hin ab. Auf einem Schild neben dem Eingang stand „Psychiatrische Klinik".

Sie wurden bereits erwartet. Nach einer kurzen Begrüßung durch Dr. Lehmann, dem Kinderpsychiater, setzten sich alle drei in einer Art Lounge nieder.

„Ja, da sind wir jetzt, Herr Dr. Lehmann", begann Frau Zellweger das Gespräch und zeigte mit der Hand auf das zusammengekauert dasitzende Mädchen. „Das ist Sarah, Sarah Balmer", und zu Sarah gewandt meinte sie: „Und der Herr hier ist Dr. Lehmann. Er möchte mit dir reden."

„Also du bist die Sarah. Ich freue mich, dich kennenzulernen", begann der unbekannte Mann. „Wir werden die nächsten Stunden miteinander verbringen, und du erzählst mir einfach, wie es dir geht und was du so in der Schule machst, ja?" Ein aufmunterndes Lächeln begleitete seine Ausführungen.

„Ja? Dann gehen wir doch in mein Büro. Bist du bereit?" Er stand auf und streckte dem Mädchen seine Hand hin.

Frau Zellweger tat es ihm gleich und verabschiedet sich von Sarah: „Du kannst mich jederzeit anrufen, Sarah. Also tschüss, mach's gut!"

„Du holst mich aber hier wieder ab, oder?", ertönte zum ersten Mal die Stimme des Mädchens.

„Ja sicher, du kannst dich auf mich verlassen. Geh jetzt mit Dr. Lehmann. Er wird dich verstehen, ihm kannst du deine Sorgen anvertrauen."

Sarah wackelte hinter dem Psychiater her und drehte nochmals kurz den Kopf, Frau Zellweger aber verschwand nach einem letzten Winken hinter der großen Eingangsglastür.

Dr. Lehmann öffnete eine Tür und bat Sarah hinein.

Sie schaute sich erst mal um, sah die schönen farbigen Bilder an den Wänden, in der Mitte einen großen Bürotisch, dahinter einen Stuhl und in der Ecke eine kuschelig aussehende Polstergruppe.

„Sie haben aber ein schönes Büro", plapperte sie drauf los.

„Ja, das stimmt, mir gefällt es auch. Komm, wir machen es uns auf den Polstermöbeln bequem."

Sarah ließ sich in einen Ohrensessel fallen und sprach gedankenverloren aus, was ihr in den Sinn kam: „Das ist ja megakuschelig."

Dr. Lehmann nickte und setzte sich ihr gegenüber auf einen anderen Sessel. „Ja. Also, Sarah, du weißt, warum du hier bist?"

„Ja klar, weil unser Haus abgebrannt ist. Ich ärgere mich immer noch, dass nicht alle verbrannt sind."

Ruhig saß das Mädchen auf dem Sessel und lehnte sich zurück. Sein Blick wirkte traurig und irgendwie abwesend. Der Mann ihr gegenüber im anderen Sessel schaute das Kind erwartungsvoll an.

„Ich bin müde, und traurig, dass es nicht gelungen ist", sagte das Mädchen mit stockender Stimme.

„Dass *was* nicht gelungen ist?"

„Dass alle verbrannt sind und tot!" Sarah schien erregt zu sein.

„Tot?", wiederholte der Fachmann und schaute das dreizehnjährige Mädchen erwartungsvoll an.

Sara begann zu weinen und der Psychiater schaute sie gespannt an: Ja alle sollten tot sein, aber jetzt kann ich nicht zu Antonio gehen.

Dr. Lehmann unterbrach das Kind: „Aber du hast ja gerade gesagt, dass du dann nicht frei bist. Das musst du mir genauer erklären. Das verstehe ich nicht. Hast du denn deine Geschwister und deine Mama und deinen Papa nicht gern?"

„Doch, schon, ich habe meinen Papa gern, und auch die anderen der Familie, aber Antonio habe ich eben auch gern, auf eine andere Art. Antonio ist mein Freund. Wo ist Antonio überhaupt?", fragte das Mädchen plötzlich.

„Vielleicht war dein Vater eifersüchtig auf deinen Freund? Das haben Väter manchmal so an sich", sagte der Psychiater. „Er ist wieder zu Hause, das hat mir die Polizei gesagt. Was meinst du damit, Antonio ist mein Freund?"

„Er hat eben viel gemacht mit mir, wir haben es immer gut gehabt zusammen, aber mein Vater hatte etwas gegen Antonio, und deswegen hasste ich ihn. Schade, dass er nicht tot ist – und der Rest der Familie auch."

„Das verstehe ich, aber ich möchte dir helfen, und deshalb solltest du Vertrauen zu mir haben. Das ist ganz wichtig für dein weiteres Leben, dass ich verstehe, warum du abgehauen bist mit deinem Freund." Dr. Lehmann, ein hochdotierter Psychiater wollte dem verschüchterten Mädchen helfen. „Antonio ist doch dein Freund, oder? Woher kennst du ihn denn?"

„Antonio ist sehr nett und lieb zu mir, und ich habe ihn gern. Er hat mich einmal nach Hause gebracht und mich getröstet, weil ich traurig und böse auf Papa war."

„Ah, du warst wütend auf deinen Papa."

„Ja, weil er mich nicht hat mitfahren lassen auf dem Traktor und ich war sehr müde und musste laufen."

„Warum hast du denn nicht mitfahren dürfen mit deinem Papa?"

„Er war eben sauer auf mich, weil ich ihm nicht gehorcht habe, und dann hat er mich so bestraft." Das Mädchen wirkte jetzt wirklich aufgeregt und der Psychiater hakte sofort nach. Er wusste, dass er dieses Kind aus der Reserve locken musste, weil sie offenbar vor etwas Angst hatte.

„Wieso hast du ihm denn nicht gehorcht? Was solltest du denn tun?"

„Ich sollte ihn am Rücken kratzen, weil es ihn dort gebissen hat", erklärte das Mädchen.

„Das verstehe ich nicht, das musst du mir nochmals erklären", sagte der Psychiater darauf.

„Wir haben eben Familie gespielt, wie wir das öfters schon gemacht haben, und ich wollte nicht mehr mitspielen." Das Mädchen verschränkte seine Arme und schlug die Beine übereinander, dann lehnte es sich zurück. Es zeigte klar, dass es jetzt nicht mehr sagen wollte.

Zu wie eine Muschel, gänzlich verschlossen, dachte der Arzt. „Also, weißt du was? Jetzt machen wir erst eine Pause und dann reden wir nachher weiter miteinander. Darf ich dich zu einem kleinen Imbiss einladen in einem Café?"

Ein gequältes Lächeln gepaart mit einem kleinen Nicken war die Antwort des Kindes.

Dr. Lehmann fuhr mit Sarah in ein kleines Café, in dem sie sich einen großen Bananensplit wünschte, während er sich einen Eiskaffee gönnte. Die Kleine strahlte übers ganze Gesicht und bedankte sich bei dem Mann.

Sie redeten über Gott und die Welt und schließlich meinte Lehmann: „So jetzt haben wir uns gestärkt und können wieder ins Besprechungszimmer gehen. Bist du bereit?"

„Ja, ich möchte gern mit Ihnen reden."

In der psychiatrischen Klinik angekommen, setzten sie sich in Dr. Lehmanns Büro wieder in die bequemen Polstersessel.

3. RÜCKBLENDE

Ruhig leuchtete der Vollmond am dunkelvioletten Nachthimmel. In den Häusern war nicht mehr viel Licht zu sehen, denn die meisten Menschen waren bereits im Bett. Die Kneipen begannen langsam, ihre mitternächtlichen letzten Gäste zu verabschieden. Auch im Restaurant *Sonne* wurde gerade der letzte bereits stark angetrunkene Gast freundlich, aber bestimmt nach Hause geschickt.

Manuel war ein langjähriger Gast und winkte dem Wirt nochmals zu beim Herausschlurfen aus seiner Stammkneipe. „Schlaf gut", rief der ihm nach, „und bis bald wieder."

Manuel torkelte auf die Straße. Die frische Nachtluft tat seinem dröhnenden Kopf gut. Er blieb stehen und schaute zum Mond hinauf: „Hallo, alter Kumpel, du bist der einzige Freund in dieser Nacht."

Dann wollte er gerade weitergehen, als er einen hellen Lichtschein wahrnahm. Was ist denn das wohl für ein Licht da oben in Nufenen, dachte er noch, da schoss es ihm durch den Kopf, und er war plötzlich ganz klar und rannte zur *Sonne* zurück.

Er polterte an die Tür, welche kurz darauf geöffnet wurde.

„Was ist denn jetzt los?", rief Anton, der Wirt.

Manuel stammelte nur etwas von „Feuer, Feuer im Wald", und deutete mit der Hand in Richtung Nufenen, einem kleinen Dorf oberhalb von Davos.

Jetzt sah es auch Anton: Ein heller Lichtschein erhellte die Nacht. Es war, als würde der Wald brennen. Er alarmierte per Telefon die Feuerwehrzentrale, die sofort darauf einen Großalarm auslöste, der etliche Funktionäre aus dem Bett schellte. Eine halbe Stunde später rasten zwei Tanklöschfahrzeuge die schmale Bergstraße Richtung Nufenen hinauf.

Toni galt als schwieriges Kind, denn er hatte viele Flausen im Kopf und seine anfänglichen Lausbubenstreiche arteten immer mehr aus. Toni war jähzornig und wenn er in Wut geriet, dann rannten alle in seiner näheren Umgebung davon.

Auch in der Schule eckte er des Öfteren an und musste viele Strafaufgaben schreiben oder an schulfreien Nachmittagen dem Hausmeister helfen, wenn er wieder einmal während einer Schneeballschlacht ein paar Scheiben zu Bruch gedonnert hatte.

Sein einziger Freund, Rudolf Hofer, den alle nur Rudi nannten, war der Einzige, der zu ihm hielt und auch viele Dummheiten mitmachte. Sie prügelten sich mit den aus Ungarn gekommenen Jugendlichen, schmissen einander Pflastersteine nach oder schossen mit Luftgewehren aufeinander. Er ließ den Frust überall ab, denn Toni war in der Ortschaft berühmt-berüchtigt und bekannt wie ein bunter Hund.

Toni schmiss den Stein mit voller Kraft gegen die verglaste Balkontür. Es scherbelte so laut, dass die Mitbewohner des Zwölffamilienblocks auf die Balkone rannten, um zu sehen, was passiert war. Toni rannte hinter das danebenstehende Hochhaus. Er war wieder einmal ausgerastet und zerdepperte in seiner Wut die Scheibe der Balkontüre. Tonis Großmutter war gar nicht begeistert und schrie ihm nach: „Warte nur, bis dein Vater nach Hause kommt, du Schlingel!"

Toni wusste, was das bedeutete. Er kannte die Schmerzen, die der mit Nickelsternen gespickte Ledergürtel seines Vaters erzeugte. Er hatte Angst, nach Hause zu gehen. Er war gerade mal zehn Jahre alt und das Leben schien ihm des Öfteren ein Gräuel. Wenn es ihm zu viel wurde, dann rastete er aus und warf mit allem herum, was in seiner Nähe war. So gingen schon Blumenstöcke, Bilder, eine Vase und auch etliches Geschirr zu Bruch.

Toni war kein erwünschtes Kind, und sein Vater meinte einmal zu seiner Mutter: „Hätten wir diesen gestörten Menschen doch lieber abgetrieben. Der kostet uns so viel mit dem, was der alles zerstört."

Doch Tonis Mutter hielt zu ihm, meistens jedenfalls. Doch an diesem Abend würde sicher Vaters Gürtel sprechen, wenn er das zerbrochene Glas der Balkontür sah. Er kannte das Prozedere und wollte sich nicht mehr schlagen lassen. Je näher der Abend kam, umso mehr Angst bekam Toni und schließlich beschloss er, sich im nahegelegenen Schopf zu verstecken. Gedacht, getan, aber die Nachbarn hatten natürlich mitbekommen, dass sich jemand im Schopf versteckt hatte, und alarmierten die Polizei. Die fanden den kleinen Jungen und führten ihn schnurstracks nach Hause, wo er bereits mit gespannter Miene erwartet wurde.

„Hier ist der Toni wieder", meinte der Polizist freundlich und verabschiedete sich. „Und du Toni, mach das nicht noch einmal", ermahnte er den Buben, der alles mit stoischer Gelassenheit an sich abprallen ließ.

Dann schloss sich die Türe und Toni wurde ins Zimmer geschickt, ohne Nachtessen, obwohl er einen Riesenhunger hatte. „Wir sprechen uns noch, Bürschchen!", warnte ihn sein Vater.

Toni warf sich aufs Bett und begann zu weinen. Dann hörte er, wie Großmutter Vater seine weiteren Untaten erzählte und wie der Vater darüber immer mehr in Rage geriet.

„Was, die Balkontüre hat er auch kaputtgemacht und mit dem Luftgewehr auf die Straßenlampen geschossen? Jetzt reicht es mir, den hätten wir schon als Baby ersäufen sollen!"

Dann öffnete sich Tonis Schlafzimmertür und sein Vater stand da, mit dem berüchtigten Schlaginstrument in der Hand. Toni begann zu schreien, obwohl sein Vater noch keinen einzigen Schlag ausgeführt hatte. „Los, schrei nur, jetzt habe ich die Schnauze endgültig voll", brüllte der Vater und dann bretterten die Hiebe kreuz und quer auf den kleinen Jungen nieder wie ein Hagelschauer. Er brüllte nun nicht mehr, sondern wimmerte nur noch, schützend hatte er sich zusammengerollt und seine Arme vor den Kopf gehalten. Überall traf ihn der Gürtel und Toni dachte schon, das sei das Ende seines Lebens. So brutal war sein Vater noch nie gewesen mit ihm. Dann endlich ließ der Alte von ihm ab und verließ mit einem tiefen Schnaufer das Zimmer, nicht ohne vorher noch die Tür zuzuknallen.

Die Kindheit von Toni war also alles andere als ein Zuckerschlecken. Und was heute passiert war, das wollte er nicht mehr erleben. Toni setzte sich auf und beschloss, seinem Leben ein

Ende zu setzen. Er rief seinen Freund an und erklärte ihm, dass er sich nun vor den Zug werfen würde, sein Vater hätte ihn extrem geschlagen.

„Ich wollte dir nur noch tschüss sagen, weil du der Einzige auf der Welt bist, der mich versteht", lispelte er Rudi ins Ohr. Dann legte er auf und machte sich daran, aus dem Fenster zu steigen.

Rudi rief sofort Tonis Familie an und seine Mutter japste nur noch: „Ja, nein, das kann nicht sein."

Sie lief sofort in Tonis Zimmer und sah gerade noch, wie der Zehnjährige aus dem Fenster stieg und auf den Rasen sprang.

„Nein, Toni, nein!", rief sie ihm nach und rannte aus ihrer Parterrewohnung ins Freie, um ihren Sohn aufzuhalten. Tonis Vater war derweil bereits vor dem Fernseher und schlief kurz darauf ein. Nach dem zehnten Bier schläft es sich eben gut. Er nahm diese Situation gar nicht mehr wahr.

„Schau mal, Mami, der Toni spielt Fangen mit seiner Mutter", hörte Tonis Mutter gerade noch von einem Nachbarskind und lief so schnell es ging hinter ihrem Sohn um den Block herum.

Es wurde immer dunkler, die Nacht begann sich auszubreiten und schließlich konnte Toni seine Mutter abhängen, indem er sich hinter ein Gebüsch fallen ließ.

Die Frau begann zu weinen und stolperte heulend in die Wohnung zurück, um ihrem Mann zu sagen, was passiert sei.

Der meinte nur trocken: „Dann haben wir ein Problem weniger, so löst sich das Ganze von selbst." Dann nahm er seine weinende Frau in den Arm. „So habe ich es nicht gemeint, aber du weißt, der Junge braucht eine starke Hand, damit er weiß, wo es langgeht. Er ist mein Sohn, und mein Kind ist kein Weichei."

Dann hielten sie einander in den Armen und auch der Vater begann leise zu weinen.

4. ZWÖLF JAHRE SPÄTER

Toni arbeitete als Sozialpädagoge in Ausbildung in einem Kinderheim in der Innerschweiz, welches in speziellen Fällen auch werdenden Müttern ein vorübergehendes Zuhause anbietet. Wie er die Aufnahmeprüfung geschafft hatte, war vielen, die ihn von früher kannten, ein Rätsel. Aber er wurde tatsächlich in das Studium aufgenommen. Sein Vorgesetzter, Paul Klein, wollte ihm die Chance geben, diese Ausbildung abzuschließen, und er verstand es auch immer wieder, den damals 22-jährigen Toni zu motivieren. Denn Toni war bereits in einem anderen Heim gewesen, musste es aber verlassen, weil er sich nicht an die Anordnungen der Heimleitung gehalten hatte und auch in der Fachhochschule in Luzern, wo er studierte, galt er als unzuverlässig. Er hatte nicht den besten Ruf.

Dass er mit Kindern hervorragend umgehen konnte, viel Verständnis für sie mitbrachte, das hatte der Gruppenleiter jedoch sofort erkannt und unterstützte ihn deshalb sehr. Das war wahrscheinlich mit ein Grund, dass er das Studium zum Sozialpädagogen beginnen konnte.

Eines Morgens wurden Paul Klein und Toni zu einer Besprechung ins Heimleiterbüro gerufen.

„Das ist Paula Wenger", stellte der Heimleiter Peter Steiner eine fünfzehnjährige junge Frau vor. „Paula wird jetzt ein paar Monate bei uns wohnen, bis sie ihr Kind geboren hat. Ich denke, dass sie bei euch in der Gruppe etwas mithelfen kann." Und dann stellt er auch die zwei Männer vor, in deren Gruppe Paula arbeiten würde. „Und das sind Paul Klein, der Gruppenleiter, und der Miterzieher Toni Balmer. Paula wird ab heute in unserer Institution untergebracht. Sie wird ihr Kind in sechs Monaten zur Welt bringen. Sie wird tageweise in eurer Gruppe mitarbeiten und die Kinder betreuen. Ist das klar und so in Ordnung?"

„Aber selbstverständlich, Sie haben mir das ja in der Gruppenleitersitzung schon angetönt, dass eine junge Frau kommen wird", meinte der Gruppenleiter, und begrüßt Paula mit freundlichem Händedruck. „Wir heißen ja auch fast gleich. Also, ich bin Paul."

Auch Toni begrüßte die junge Frau mit einem freundlichen Lächeln.

So begann die schwangere fünfzehnjährige Paula in der Gruppe Zwerg mitzuhelfen und freundete sich mit den drei- bis siebenjährigen Kindern an.

Auch Toni war plötzlich viel engagierter und zeigte sich von seiner besten Seite, wenn Paula in der Gruppe war. Er erklärte ihr viel und gab sich Mühe, dem Mädchen alles zu zeigen und es zu unterstützen. Besonders gut lief es, wenn der Gruppenleiter frei hatte, weil dann die ganze Verantwortung bei Toni lag und er natürlich seiner neuen Mithilfe zeigen wollte, was er als Pädagoge konnte und wie man mit Kindern in dieser Altersstufe umgehen sollte.

Paula war beeindruckt und zeigte unverhohlen ihre Bewunderung für Toni, was dieser sichtlich genoss.

Eines Abends hatte Toni Spätdienst und Bereitschaftsdienst, das heißt, er brachte die Kinder zu Bett und schlief dann dort in einem speziellen Erzieherzimmer, damit er schauen könne, wenn ein Kind nicht schlafen konnte oder aus dem Bett fallen sollte. Meistens war dann so um 9 Uhr Ruhe, wenn die Gute-Nacht-Rituale der acht Kinder durchgespielt und alle ihre Zähne geputzt und nochmals Pipi gemacht hatten.

Dann setzte sich der diensttuende Erzieher in der Stube aufs Sofa, trank einen Tee oder Kaffee und las noch etwas. Vielleicht besuchte ihn ein anderer Erzieher zu einem Schwätzchen oder er ging selbst auf einen Besuch bei einer anderen Gruppe.

Doch heute war das etwas anders. Paula hatte geholfen, die Kinder ins Bett zu bringen, und Toni bot ihr nach Feierabend ein Glas Wein an, weil sie so schön mitgeholfen hatte, und um noch ein wenig zu diskutieren.

Paula nahm dieses Angebot gern an, denn sie fühlte sich sehr wohl, wenn sie mit Toni zusammen sein konnte. Was sollte sie allein in ihrem Zimmer hocken, sich die Sorgen der anderen Mütter anhören und wie sie über die Männerwelt losschimpfen oder Trübsal blasen? Also blieb sie den Abend über in der Gruppe, obwohl sie schon lange Feierabend hatte. Sie fühlte sich dort sehr wohl und erzählte auch etwas aus ihrem Leben und wie sie schwanger geworden war.

„Eigentlich ist mein Vater schuld, denn er hat mich nie geliebt, und alles, was ich gemacht habe, war nur schlecht und ungenügend. Meine Mutter hat nur immer geschwiegen, sonst hat er sie geschlagen. Also konnte ich keine Elternliebe spüren und bin halt abgehauen."

Toni nickte und dann stießen sie zusammen an. „Das ist eine traurige Geschichte", meinte er dazu und ermunterte Paula, doch weiter zu erzählen.

„Dann bin ich getrampt. Ein südländischer Typ hat mich mitgenommen und ich wohnte dann ein paar Tage bei ihm. Ja, und Liebe hat er mir auch gegeben, in Form von Sex. Salvatore war sehr nett und ich mochte ihn und seine Art."

„Und jetzt bist du schwanger von ihm?" Toni schaute sie gespannt an.

„Ja, ich glaube, obwohl er gesagt hat, er passt schon auf. Aber dann kam die Polizei. Salvatore wurde abgeschoben und ich saß auf der Straße, wo mich dann die Polizei erwischte. Sie suchten mich, weil meine Eltern eine Vermisstenanzeige aufgegeben hatten. Beim Migros in Luzern haben sie mich kontrolliert, weil ich Zigaretten gestohlen hatte. So ein Scheiß, und jetzt bin ich hier!" Paulas Stimme wird immer weinerlicher und Toni legt ihr den Arm um die Schultern.

„Hey, Paula, das wird schon wieder, ich bin ja auch noch da und ich lasse dich nicht im Stich. Und was ist mit diesem Salvatore? Weiß er, dass du schwanger bist?"

Paula schüttelt den Kopf: „Er ist wieder abgereist und ich weiß nicht einmal, wie er weiter heißt und wo er jetzt wohnt. Er ist zurückgefahren nach Italien. Und meine Eltern wollen nun auch nichts mehr von mir wissen. Mein Vater erklärte, dass er keine Tochter mehr habe."

„Also eine verflixte Situation und du bist ja auch erst fünfzehn Jahre alt ..." Toni schaute die junge Frau mitfühlsam an.

Sie tranken gemeinsam die Flasche aus und als sich Paula verabschiedete, gab ihr Toni einen kurzen Kuss auf den Mund. Das Mädchen erschrak zuerst etwas, ließ ihn aber gewähren und winkte ihm beim Weggehen nochmals zu.

Toni legte sich im Erzieherzimmer schlafen und dachte nur noch eines: Ich glaube, ich habe mich in dieses Mädchen verliebt. Doch gleichzeitig wusste er, dass Paula noch minderjährig war und er sicher keine Beziehung mit ihr anfangen konnte. Zumal er sich ja in der Ausbildung zum Sozialpädagogen befand. Er wollte sein Sozialpädagogen-Diplom unbedingt erhalten.

„He, Toni, was machst du denn eigentlich nach deiner Abschlussprüfung?", fragte ihn eines Mittags beim Kaffee sein Gruppenleiter.

„Och, das weiß ich jetzt noch nicht so genau, aber ich habe ja noch ein halbes Jahr Zeit, darüber nachzudenken!"

Auch Rahel, die Praktikantin, wollte wissen, ob er weiter als Erzieher arbeiten werde oder nicht, und insistierte: „Toni, du weichst aus, du wirst sicher heiraten, du weißt schon, wen ich meine, und dann eine Familie gründen." Denn die leise begonnene Liebesaffäre war auch Rahel und anderen Heimmitarbeitern nicht ganz verborgen geblieben, nicht zuletzt auch wegen Tonis neuem Benehmen.

„Blöd anzünden, das kannst auch nur du", war seine Antwort, „aber vielleicht arbeite ich wieder in meinem früher erlernten Beruf als Zimmermann. Aber jetzt muss ich erst einmal die Prüfung schaffen."

Die Monate vergingen und Paulas Babybauch wuchs. Auch der 3. März, ihr Geburtstag, rückte immer näher. Die Geburt ihres Kindes sollte nach Berechnung des Arztes um den 12. März herum, also knapp nach ihrem sechzehnten Geburtstag, erfolgen.

Bisher war die Schwangerschaft ohne große Komplikationen verlaufen und Paula freute sich inzwischen auf das Baby. Sie war nicht mehr so oft in der Kindergruppe anzutreffen, weil sie sich schonen sollte. So verbrachte sie viel Zeit mit den anderen Müttern oder strickte in ihrem Zimmer Babysachen. Doch durch die fast tägliche Begegnung, das teilweise gemeinsame Betreuen der Gruppenkinder ließ sich für den angehenden Heimerzieher Toni und seine noch minderjährige Freundin die gegenseitige Zuwendung nicht mehr verbergen und schon bald kursierte das Gerücht über das neue Liebespaar in der ganzen Heimfamilie.

Toni musste des Öfteren gesucht werden und wenn er dann endlich gefunden wurde, und man ihn fragte, wo er denn gewesen sei, meinte er, in der Werkstatt oder beim Spazieren gewesen zu sein. Dass er bei seiner jungen Freundin gewesen war, durfte er natürlich niemandem sagen, obwohl es alle ahnten; und diejenigen, die es wussten, waren schon still.

Paulas Eltern ließen ihre Tochter jämmerlich im Stich und kümmerten sich überhaupt nicht um sie. Das Sozialamt arrangierte mehrere Treffen, um die anstehenden Probleme und Verantwortlichkeiten mit den Eltern abzuklären. Auch Paula war bei diesen Besprechungen vorgeladen und wurde vom Vater immer als Schlampe und Hure beschimpft. Er betonte immer wieder, dass er sie nicht mehr als seine Tochter betrachtete. Ihre Mutter weinte nur noch.

Ganz geknickt kam Paula dann mit dem Taxi ins Heim zurück, wo sie sofort in ihrem Zimmer verschwand und nur noch weinte. So war es auch am vergangenen Donnerstag, Paula kam aufgelöst auf die Gruppe und suchte sofort Toni auf.

„Hallo, Paula, ich habe um vierzehn Uhr Feierabend und dann gehen wir ein bisschen spazieren", tröstete sie Toni und strich ihr zärtlich eine Träne weg.

Paul, der Gruppenleiter, gab Toni sofort frei: „Toni, du kannst jetzt schon gehen, Paula braucht jetzt jemanden zum Reden."

Das Reden endete am Abend in Paulas Zimmer und dauerte die ganze Nacht. Toni erschien erst am nächsten Morgen wieder.

Der dritte März kam näher. „Na, was schenkst du denn deiner Freundin?", fragte Rahel giftig.

„Oh, wohl etwas eifersüchtig, Rahel? Bitte, halte dich etwas zurück", ermahnte sie der Gruppenleiter. „Wenn du etwas gegen Toni hast, dann ist das deine persönliche Sache. Auch dass er Paula unterstützt und viel mit ihr redet, ist seine Sache. Also, ich möchte nichts mehr hören von wegen Toni und Paula und Beziehung, falls, ist das deren persönliche Sache."

„Ja, dann frag ihn doch mal, wo er letzte Donnerstagnacht gewesen ist", giftelte Rahel zurück. „So verschlafen sei er aus Paulas Zimmer gekommen, na, die haben wohl mehr als nur geredet."

Jetzt verschlug es auch dem Gruppenleiter die Sprache: „Toni, wir sollten uns einmal unter vier Augen unterhalten." Und zu Rahel gewandt: „Danke, ich werde mich darum kümmern und jetzt schau, dass die Kinder in den Kindergarten kommen."

Er bat Toni ins Erzieherzimmer, schloss die Tür und stellte ihn zur Rede. „Was soll denn das, das Mädchen ist erst fünfzehn Jahre alt und du schläfst in seinem Zimmer? Bist du denn von allen Geistern verlassen? Das kann deine Ausbildung gefährden und dich dein Diplom kosten. Stell dir vor, das vernimmt die Heimleitung, dann kannst du fristlos gehen. Hey, schalte dein Hirn ein, Toni!"

Kleinlaut antwortete der Beschuldigte: „Ja, ja, aber ich verspreche dir, ich hatte keinen Sex mit Paula, auch wenn ich sie sehr mag. Wir haben wirklich nur geredet. Und zudem hat sie übermorgen Geburtstag und ist dann sechzehn Jahre alt."

„Wer's glaubt, diese Paula ist nämlich auch kein unbeschriebenes Früchtchen, also ich will das nicht mehr hören, dass du in Paulas Zimmer warst."

Toni verstand seinen Vorgesetzten. „Aber das bleibt unter uns, bitte!", sagte er beim Gehen.

Paul nickte. „Klar doch, aber halte dich an unsere Abmachung. Und wer weiß, wer dich sonst noch gesehen hat, Rahel weiß es nämlich auch schon, und sicher nicht von mir!"

Der dritte März kam und Paula erhielt viele kleine Geschenke, darunter auch viele Babysachen.

„Die kannst du ja sicher bald gebrauchen", meinten die schenkenden Mütter, und Paula strahlte und bedankte sich überschwänglich.

Toni schenkte ihr eine schöne große Kerze und einen passenden Kerzenständer aus Holz, den er selbst gebaut hatte und er schrieb ihr in ungelenker Schrift auf eine Geburtstagskarte: Ich liebe dich.

Paula war glücklich und vergaß einen Moment ihre Sorgen, besonders als auch die Kinder der Gruppe ihr eine schöne Zeichnung schenkten, die sie zusammen mit den Erziehern gestaltet hatten.

Eine Woche später setzten die Wehen ein und Paula wurde sofort von der Frau des Heimleiters ins Krankenhaus gefahren, wo sie vier Stunden später ein gesundes Mädchen zur Welt brachte. Sie sollte Sarah heißen, meinte die frischgebackene Mutter.

Toni konnte die Nachricht von der gut abgelaufenen Geburt kaum erwarten, fast so, als ob er selbst der Vater von Sarah wäre. Er telefonierte mit seiner Angebeteten noch am gleichen Tag und beglückwünschte sie zur Tochter. „He, wenn ich meine Ausbildung im Herbst abgeschlossen habe, dann heiraten wir und ich gehe weg mit dir. Ich möchte mit dir eine große Familie gründen."

Paula war überrascht. „Ist das dein Ernst?"

„Ja, klar, du weißt, ich liebe dich und ich habe dir schon einmal versprochen, dass ich dich nie im Stich lassen werde. Ich freue mich, wenn du wieder aus dem Krankenhaus kommst. Leider kann ich dich diese Woche nicht besuchen, denn ich bin in einer Studienwoche. Aber bald sehen wir uns wieder!"

Paula war glücklich, zum ersten Mal in ihrem sechzehnjährigen Leben hatte sie das Gefühl, dass sie von einem Menschen geliebt wird. Sie erinnerte sich nur ungern der eigenen Familie und wurde dann ganz melancholisch und traurig.

5. GROSSE LIEBE

„So, Mutter, jetzt will ich Sex und dann machst du mir etwas zum Essen." Dann rupfte der Mann seine Frau ins Schlafzimmer. Es war gerade kurz vor dem Mittagessen. Paula hörte noch sein lustvolles Stöhnen und kurz darauf kam er wieder heraus. Sie setzte ihm das Mittagessen vor und er aß sich rücksichtslos voll. Paula blieb nur ein kleiner Rest übrig.

„Ich muss schließlich schwer arbeiten in der Fabrik", meinte der Mann, „und Paula sitzt eh nur den ganzen Tag in der Schule herum und träumt von den Buben. Also, schaut mich nicht so bös an, ihr zwei, sonst werde ich sauer."

Mutter und Tochter blickten einander an und versuchten, freundlich zu schauen, was angesichts des grimmigen und immer launischen Vaters nicht sehr einfach war. Paula unterdrückte die Tränen, denn ihre Mutter tat ihr leid.

Am Abend desselben Tages herrschte dicke Luft. Stockbetrunken torkelte ihr Vater in die Wohnung und schwankte den Gang entlang. Paula verzog sich sofort, denn sie ahnte nichts Gutes, hatte er sie doch schon früher geschlagen, wenn er zu viel getrunken hatte.

„Hey, ich will ein Bier, Mutter", grölte der Vater. Als keine Antwort kam, polterte der Vater lauthals los: „Paula, wo bist du? Bring mir sofort ein Bier ins Wohnzimmer in meine Ecke."

Paula schlich langsam aus dem Zimmer. „Ja, Vater, ich bring dir eins."

Während sie das Bier holte, knallte ihr Vater der Länge nach auf den Bauch. Gerade kam die Mutter herein und begann ihm aufzuhelfen.

„Lass mich", blökte er vor sich hin, während Paula an ihm vorüberschlich und das Bier in der Stube bereitstellte. Da packte sie ihr Vater am Arm:

„Hast heute nicht gut gehorcht, hat mir Mutter erzählt, du wolltest lieber draußen spielen, statt im Laden einkaufen zu gehen. Das gefällt mir gar nicht! Geh sofort in dein Zimmer, sonst bekommst du den Hintern versohlt." Er stieß das Mädchen weg, wie man eine Fliege verscheucht.

„Ich habe dein Bier bereitgestellt", sagte sie kleinlaut und tapste aus der Stube in ihr Zimmer. Sie wusste, wie weh der Teppichklopfer tat, denn sie hatte ihn schon des Öfteren gespürt. Einmal schickte er sie ohne Abendessen ins Zimmer, weil er gehört hatte, dass sie heimlich geraucht hätte. Da war Paula grade mal zwölf Jahre alt. Sie hatte nachher ganz blaue Striemen auf ihrem Hinterteil und konnte kaum mehr liegen.

Erinnerungen, die Paula weit von sich schob, und die ihr jetzt im Moment der Verliebtheit wie Steine im Magen lagen, die sie am liebsten herauskotzen wollte.

„Frau Wenger, Sie haben Besuch!" Paula erschrak, als sie die Schwester etwas mit der Hand anstupste und aus ihren trüben Erinnerungen in die reale Spitalwelt zurückriss. „Ihre Mutter ist da."

Freudestrahlend erschien Paulas Mutter, und umarmte ihre Tochter mit festem Griff.

„Hallo, Mama, schön, dass du da bist."

Dann flossen die Tränen und Mutter und Tochter umarmten sich innig und lange. Wie geht es dir? Bist du müde? Fragen über Fragen bombardierten Paulas Ohren und sie versuchte, ruhig zu bleiben, und lächelte einfach weiter. Ihre Mutter freute sich sehr über ihre Enkeltochter und war stolz auf Paula, dass sie so tapfer war und so jung ein kleines gesundes Mädchen geboren hatte.

Was sie besonders interessierte, war natürlich ihr Freund Toni. „Liebt er dich denn wirklich, und nimmt er das Baby ebenfalls in Kauf, auch wenn er nicht der Vater ist?"

„Ja, er liebt mich sehr und er will mich als seine Frau, vielleicht heiratet er mich auch, ich denke, er wäre nicht mal eine schlechte Partie."

Mutter und Tochter lachten und umarmten sich nochmals innig beim Abschied.

„Warte, du sollst noch meine Tochter sehen, sie ist das hübscheste Baby." Sie stieg aus dem Bett, zog ihren Morgenmantel an und führte ihre Mutter ins Neugeborenenzimmer.

Da lag die kleine Sarah in einem Brutkasten, zufrieden saugte sie an ihrem Daumen, während Mutter und Großmutter still ihre Hände hielten und das kleine Wesen bestaunten.

Dann ging Frau Wenger nach Hause und Paula blieb mit ihren Gedanken wieder allein. Sie war momentan so glücklich.

Auch Toni war rundum zufrieden, er freute sich sehr auf das Wiedersehen mit seiner neuen jungen Liebe. Dass Sarah nicht sein Kind war, das störte ihn überhaupt nicht. Er wollte seine Paula haben, ob mit oder ohne Kind, das wäre ihm eigentlich egal. Er wollte Paula zum Abendessen ausführen, wenn sie wieder aus dem Krankenhaus kommen konnte, und er wusste auch schon, dass sie in eine Pizzeria gehen wollten.

„Darf ich deinen Lippenstift?", fragte Paula ihre Mutter. Sie wollte die Schönste sein an diesem Samstagabend. Ihr Freund sollte stolz sein auf sie.

„Aber klar doch, Paula, du darfst auch meine neuen Schuhe anziehen, denn ich bin wirklich mächtig stolz auf dich. Und dein neuer Freund wird einmal ein Pädagoge sein, so ein studierter und gutverdienender Mann, und ihr werdet eine richtige Familie und er wird gut zu den Kindern sein."

Paula nickte nur, während sie den Lippenstift über ihre Unterlippe zog.

Da klingelte es schon.

„Das wird Toni sein", rief sie, „machst du schon mal auf, Mama?"

Die Mutter öffnete die Tür und sah einen jungen Mann in schickem Flanellanzug und Krawatte vor sich stehen. Der Mann strahlte übers ganze Gesicht und gab Paulas Mutter einen eleganten Handkuss. Die Frau errötete und wusste nicht, was sie sagen sollte.

Dann zog er die zweite Hand hervor und überreichte der staunenden Frau einen bunten Strauß Blumen. „Für Sie, die beste Mutter der Welt", lispelte er leise.

„Woher wissen Sie, dass ich die Mutter bin?", fragte sie leise, „hat etwa –"

„Ja, sie hat mich informiert über ihre Mutter und wie sie aussieht. Genau so hübsch wie die Tochter."

Da kam Paula aus dem Badezimmer und stürmte auf ihren Toni zu. Sie umarmten sich und Toni meinte: „Hey, Paula, du bist ja wunderschön, wie ein Engel, mein Engel!" Dann küsste er sie innig. Paula erwiderte seinen Kuss mit geschlossenen Augen, bis sich ihre Mutter, die sich inzwischen wieder gefangen hatte, räusperte und die Verliebten daran erinnerte, dass sie nicht allein waren.

„Komm, gehen wir, Schatz", rief Toni seiner Geliebten zu, „sonst gibt es keine Pizzen mehr, wenn wir kommen."

Sie verabschiedeten sich von Paulas Mutter, die etwas verdattert dastand, aber dann zufrieden lächelte.

Hand in Hand rannten die zwei Verliebten das Treppenhaus herunter und zu Tonis Fiat. Galant öffnete Toni seiner Paula die Beifahrertür und bat sie, Platz zu nehmen. Dann fuhren sie los Richtung Stadt.

Paula war überglücklich. Das war für sie ein Gefühl, das sie seit Jahren nicht mehr erlebt hatte. Sie strahlte ihren Chauffeur mit einem alles sagenden Blick an. Toni fuhr sicher und zielstrebig Richtung Stadt, wo er in der Pizzeria Pinoccio einen Zweiertisch reserviert hatte.

Er parkte auf dem dazugehörigen Parkplatz und hielt seiner Angebeteten Paula erneut die Tür auf. Ein adrett gekleideter Italiener begrüßte die beiden und führte sie an ihren Tisch.

„Oh, das ist aber ein nobler Schuppen", rutschte es Paula heraus. In solchen eleganten Restaurants verkehrte ihre Familie sonst nicht, das wäre viel zu teuer.

„Kannst du das denn bezahlen mit deinem Lehrlingslohn?", fragte sie ihren Freund ganz leise.

„Mach dir keine Sorgen, für dich soll heute ein ganz besonderer Abend werden, den du nie vergessen wirst, denn für dich ist mir nichts zu teuer. Heute schauen wir nicht aufs Geld, heute wollen wir glücklich sein. Ich liebe dich", flüsterte ihr Toni zu.

Paula strahlte wieder wie ein heller Stern in einer traumhaften Sommernacht.

Toni bestellte einen Sekt zum Anfangen. Denn er hatte etwas für Paula mitgebracht, mit dem er sie überraschen wollte. Mit professioneller Berufsehre schenkte der Kellner den fein perlenden Sekt in die Gläser. Dann zog er sich diskret zurück. Toni hob sein Glas, schaute Paula tief in die Augen, in denen sich das Flackern der auf dem Tisch brennenden Kerze widerspiegelte. Und dann kam die alles entscheidende Frage: „Geliebte Paula, willst du meine Frau werden?"

Minutenlang hielten sich die beiden die Hände und schauten sich tief in die Augen. Erst nach einer zeitlosen Pause kam die Antwort: „Ja, Toni, ich bin so glücklich." Dann prosteten sie sich zu und Toni küsste Paula liebevoll auf den Mund, was diese sofort erwiderte.

Toni zog eine kleine Schachtel aus seiner Jackentasche. Er überreichte das schön verpackte Geschenk und mit zitternden Händen entfernte Paula langsam die Schnur und öffnete das Papier, dann hob sie den Deckel und erstarrte. Es war eine Goldkette mit einem runden Herzen daran, das sich öffnen ließ.

„Mach es auf", sagte Toni, „es ist nur für dich!"

Das Goldherzchen an der Halskette ließ sich wie eine Muschel öffnen. Paula hob den Deckel hoch und las: „In ewiger Liebe für Paula von Toni."

Paula kamen die Tränen, und sie umarmten sich inmitten der Pizzeria und die Leute an den andern Tischen hörten einen Moment auf zu kauen und zu essen. Es war eine sehr feierliche und sinnliche Stimmung.

„Toni, wir sind nicht allein hier", flüsterte das Mädchen ihm zu. Toni nickte ihr nur lächelnd zu, während der Kellner ihnen schmunzelnd die Menükarten überreichte.

„Meine Pizza muss einfach scharf sein", meinte Toni vor sich hin, „ich nehme Arrabiata und einen gemischten Salat."

„Sehr wohl, der Herr, einmal gemischter Salat und Pizza Arrabiata, richtig scharf!" Ein Augenzwinkern begleitete seine Ausführungen, „Und was darf ich bringen für die hübsche Dame?", fragte der Kellner lächelnd und schaute Paula erwartungsvoll an.

„Ja, ich weiß nicht so recht. Das ist so eine große Auswahl", überlegte die junge Frau, denn sie war so gediegenes Ambiente nicht gewöhnt. Dann zeigte sie mit ihrem Finger auf eine Pizza und erwähnte dazu: „Ach bitte, und auch einen gemischten Salat."

„Sehr wohl, die Dame, einmal Pizza Hawaii und noch einen gemischten Salat, aber gerne. Und zu trinken einen halben Liter von unserem roten Hauswein? Kann ich nur wärmstens empfehlen."

Paula schaute ihren Freund fragend an. „Okay, einen halben Liter Hauswein und noch ein Mineralwasser."

Der Kellner nickte, verbeugte sich und verschwand.

Es folgten Tonis Vorstellungen von seiner Zukunft. Er malte sie in rosigsten Farben. „Weißt du, Paula, im nächsten Frühjahr, wenn ich meine Ausbildung abgeschlossen habe, dann werde ich in die Berge ziehen, miete mir ein kleines alleinstehendes Bauernhaus ohne jeglichen Komfort, ohne Strom und halte Schafe, Ziegen und Hühner. Und eröffne mein eigenes Geschäft."

„Das klingt interessant. Was willst du denn arbeiten?", fragte sie ihn.

„Nun, ich bin gelernter Zimmermann und habe mir überlegt, dass ich dann als Taglöhner arbeiten könnte. Ich arbeite eine bestimmte Menge Stunden und wenn ich fertig bin, kassiere ich den Lohn und das täglich. Ich bin ein talentierter Handwerker und kann eigentlich alles machen. Und du bist dann meine Frau und schaust zu den Tieren und wir haben viele Kinder, die uns viel Freude bereiten. Was meinst du dazu, mein Schatz?" Tonis Augen leuchteten wie Diamanten, so kam er ins feurige Schwärmen ob dieser Idee. Lange hatte er über seine Zukunft nachgedacht und dann wusste er es.

Paula schaute ihn skeptisch an und fragte: „Aber warum hast du dann ein Sozialpädagogen-Diplom, wenn du doch nicht in diesem Beruf arbeiten willst? Verdienst du denn genug als Zimmermann?"

„Ja, weißt du, Paula, gerne wäre ich mein eigener Chef, immer nur als Erzieher, das ist nicht das Wahre für mich. Ich bin fleißig und ich bin sicher, dass dies eine gute Idee ist, als Taglöhner zu arbeiten. Ich schufte den ganzen Tag für einen abgemachten Stundenlohn, na, sagen wir Fr. 30.- und dann am Abend kassiere ich mein Gehalt und bringe es nach Hause", erzählte Toni weiter.

Paula nickte nur und strahlte schließlich mit, denn Toni teilte diese Idee so überzeugend und mit Herzblut mit, dass auch sie von diesem Gedanken fasziniert war, und sie wollte ebenfalls viele Kinder, denn Paula liebte Kinder.

Dann kam der Kellner und brachte den beiden zwei gemischte Salate und die bestellten Getränke.

„Darauf stoßen wir gleich an", rief Toni, als der Kellner den blutrot leuchtenden Wein in die Gläser geschenkt hatte, „Prost, mein Schatz, auf unser kleines Bauerngut." Klingkling tönte es, als sie anstießen und sich dabei ganz tief in die Augen schauten.

Friedlich klang der Abend aus, und was dann geschah, ist und bleibt aber das Geheimnis dieser zwei Verliebten ...

Es dauerte natürlich nicht lange und diese Idee von Toni machte in seiner Umgebung die Runde.

„Der spinnt doch", riefen die einen, als sie vom Haus ohne elektrischen Strom hörten. Seine Arbeitskollegen meinten nur, so eine Idee könne nur von Toni kommen, er sei schon in der Schule immer ein etwas seltsamer Kauz gewesen.

Und Paul, der Gruppenleiter und Tonis direkter Vorgesetzter, war von der Idee auch nicht gerade begeistert: „Das finde ich schade, jetzt, wo du deine Ausbildung zum Sozialpädagogen doch noch erfolgreich abschließen kannst, ziehst du dich in die Wildnis zurück, und dann noch ohne Strom. In der heutigen Computerwelt ist das doch alles andere als realistisch. Und deine Kinder, wie sollen sie denn da mitkommen, so hinterwäldlerisch zu leben? Das ist schon etwas egoistisch, denn deine Kinder haben ja gar keine andere Wahl."

Doch Toni konterte: „Das ist eben gut, wenn einmal jemand etwas anders lebt als die Masse, die doch nur wie Hühner allem und jedem nachrennen und keine eigenen Ideen und Visionen entwickeln. Ich will eben alternativ leben und meinem Nachwuchs zeigen, was es heißt, auf die Welt aufzupassen, Tiere, Pflanzen und Menschen zu respektieren. Ich habe bereits ein paar interessante Inserate gesehen für Häuser, die mir gefallen würden. Ich werde baldmöglichst in die Berge fahren und mich einmal umsehen."

Rahel schüttelte nur den Kopf. „Ich mach doch nicht eine dreijährige Ausbildung an einer Fachhochschule, um dann in der Wildnis wie im letzten Jahrhundert zu leben. Nein, das wäre echt nicht meine Sache."

„Na ja", meinte der Gruppenleiter, als er spürte, dass die Atmosphäre frostiger wurde; „der Toni ist halt eben schon ein wenig anders als die anderen, und wenn er das so will: leben und leben lassen."

„Genau, und ich werde es machen!" Energisch schlug der Miterzieher mit der Faust auf den Tisch. „Auch wenn die ganze Welt dagegen ist, dann erst recht!"

6. DREI MONATE SPÄTER

Toni telefonierte an seinen freien Tagen wie wild in der Gegend herum. „Wo steht denn das Haus, ist es zugänglich? Was soll es denn kosten? Ja, senden Sie mir doch ein paar Unterlagen zu." So und ähnlich lief es immer ab und wer Toni in diesen Tagen telefonisch erreichen wollte, dürfte des Öfteren den Besetztton gehört haben.

Einmal reiste er ins Wallis, um sich eine alte Sennhütte anzusehen, aber der Weg dorthin war ihm dann doch zu steil und er hatte Angst, dass seine Kinder abstürzten auf dem Weg in die Schule. So kam er frustriert wieder nach Hause.

In die italienischsprechende Schweiz wollte er auch nicht, da er als Deutschschweizer keine Fremdsprachen beherrsche.

So vergingen etliche Wochen und dann kam Toni nach ein paar freien Tagen wieder zur Arbeit. Er war nicht mehr so gereizt wie die letzten Monate, was seine Bezugspersonen sehr beruhigte. Er schien sehr zufrieden und war extrem freundlich zu allen.

„Was ist los, Toni? Hast du im Lotto gewonnen?", fragte ihn Rahel.

„Nein, aber ich habe jetzt das Haus gefunden, das ich mieten werde, und das macht mich sehr glücklich."

„Und wo wirst du jetzt hingehen?" Rahel schaute ihn listig an.

Toni wollte noch nicht so recht herausrücken und Rahel doppelte nach: „Das sagst du doch jetzt nur so, in Wirklichkeit hast du noch gar keine Hütte gefunden, stimmt's?"

„Doch, ich habe ein Haus gefunden, es liegt in Graubünden in der Nähe von Davos und ist dreißig Minuten vom Dorf entfernt, wenn man zu Fuß geht. Es ist ein altes Holzhaus ohne Strom, hat einen dazugehörigen Stall und eine Wasserquelle, und ich gehe es mir am Samstag anschauen. Das klingt hochinteressant und ich habe ein gutes Gefühl."

„Vorsintflutlich, also, na, viel Vergnügen im Winter, da frierst du dir den Arsch ab. Das macht Paula sicher nicht mit."

„Ach, lass mich doch in Ruhe mit deiner Nörgelei, du bist doch nur eifersüchtig."

„Pah, sicher nicht, ich komme dich dann mal besuchen und schaue, wie verwildert du dann aussiehst."

So stichelten ihn die anderen immer wieder und es schien, als ob ihn das nur noch mehr ansteckte nach dem Motto: jetzt erst recht. Am Wochenende fuhr er also nach Nufenen, einem kleinen oberhalb von Davos gelegenen Dorf mit einer alten Dorfkneipe. Es war so friedlich und abgelegen, als läge es auf einem anderen Planeten.

Noch im Zug schaute er die Fotos an, die ihm der Vermieter geschickt hatte, und auch den Plan, wo das Haus zu finden ist. Je näher er Davos kam, umso nervöser wurde er. Neugierig schauten ihn die Einheimischen an, als er ins Restaurant eintrat und sich ein Bier bestellte. Das war eben doch recht selten, dass sich ein Unterländer (so nannten sie die Besucher aus den tieferliegenden Kantonen) zu ihnen verirrte.

„Sicher ein Tourist, oder?" Laut nachgedacht und scharf hingeschaut, wie denn der Fremde reagierte.

„Ah, ihr meint mich, nein, ich will hier auf die Alp ziehen, und warte auf den Caviezel Sepp. Er will mir sein altes verlassenes Haus zeigen", erklärte Toni.

„Schon wieder so ein Spinner, der ohne Strom und Heizung in dieser alten Hütte wohnen will", murmelte ein anderer Einheimischer. Alle lachten, schüttelten ihre Köpfe und betrachteten das Unterländer Unikum mit gemischten Gefühlen. „Weißt du, wie kalt es ist hier oben im Winter? Da wirst du nochmals auf die Welt kommen, mein lieber Unterländer."

Kurz darauf trat ein alter Bergler ein, und er erkannte sofort den Fremden inmitten der andern Dorfbewohner. „Caviezel ist mein Name und Sie müssen Herr Balmer sein."

„Ja, der bin ich. Es gefällt mir hier bis jetzt sehr gut. Können wir das Haus anschauen gehen? Ich bin nämlich schon sehr gespannt." Sie reichten sich die Hände.

„Häschte wieder en dumme gfunde, Cavi, wo i diä alt und verlotteret Hütte izie wot?", hänselten ihn die anderen Einwohner.

Doch der Mann nickte nur und kurz darauf marschierten die beiden eine kleine Hangstraße entlang durch ein Wäldchen. Dann zeigte Herr Caviezel mit der rechten Hand auf ein kleines rechts am Hang stehendes Holzhaus. „Da vorne ist es, und es ist noch recht gut in Schuss, obwohl sicher das eine oder andere gemacht werden müsste. Aber zum Mietpreis von Fr. 450.- denke ich, dass es sehr günstig ist."

Toni hatte schon andere Objekte besichtigt, die ihm aber entweder zu nah bei den anderen Häusern standen oder direkt an einem Wanderweg. Er wollte etwas Abgelegenes, wo er seine Ideen von Familie und Lebensweise verwirklichen wollte. Das Haus sah schon recht alt, aber Toni wollte es sich dennoch erst mal genauer ansehen. „Schauen wir es doch erst einmal an", meinte er trocken zum Vermieter, „entschieden habe ich mich noch nicht."

„Schauen Sie einmal die Sicht an, die von hier aus möglich ist, und heute ist ein föhniger Tag, da sehen Sie besonders weit", bewarb der Vermieter die Hütte. „Bei Nebel sind Sie hier auf über 1100 Meter Höhe weit über dem Nebelmeer und haben Sonnenschein."

Toni betrachtete das Haus und die Umgebung und zeigte sich beeindruckt. „Also die Aussicht von hier ins Tal ist fantastisch", gestand er. „Da kann man so richtig träumen und braucht keine Ferien mehr, das ist echt schön hier oben."

Nun betraten sie das schlichte Holzhaus. Küche im Eingangsbereich, also eigentlich ein alter Holzkochherd, darüber der Kaminschlund und direkt daneben die kleine gemütliche Stube. Ein Schlafzimmer mit einem Doppelbett erreichte man durch die hintere Tür neben der steifen Holztreppe in den oberen Stock.

„Oben sind nochmals zwei Zimmer", erklärte Caviezel, „sodass sicher genügend Platz da ist für eine kleine Familie. Sie haben doch ein Kind, wenn ich mich erinnere, oder?"

„Ja, ein Mädchen, es heißt Sarah und ist unser Sonnenschein!" Toni strahlte übers ganze Gesicht, während Herr Caviezel mühsam vor Toni die steile Holztreppe hinaufkletterte.

Toni schaute sich die oberen Räume auch genau an, das kleine WC und die beiden einfachen, mit Etagenbetten eingerichteten

Kinderzimmer. Er nickte zustimmend. Als ihm dann auch noch das dazugehörende Land und der etwas weiter unten liegende Stall gezeigt wurde, da klickte es bei ihm und er freute sich sehr. Auch die Wasserquelle hinter dem Haus inspizierte er genau.
„Das gehört alles noch dazu, das ist doch ideal für Sie", meinte Caviezel.

Zwei Stunden später saßen sie wieder in der Dorfkneipe und Toni unterschrieb den Mietvertrag für das besichtigte Haus und den Stall. Ein kräftiger Handschlag besiegelte den Handel und ein hochprozentiger Schnaps bekräftigte die Abmachung.

Caviezel beglückwünschte seinen neuen Mieter: „Ja dann freue ich mich auf dein Kommen, und wünsche dir viel Glück als Taglöhner. Ich denke, dass es für einen tüchtigen Zimmermann schon Arbeit gibt in der Gegend."

Dann verabschiedete sich Toni und das Postauto brachte ihn wieder nach Davos zum Bahnhof. Glücklich und zufrieden stieg er in den Zug nach Chur und fuhr in seine Wohnortgemeinde zurück.

Noch im Zug telefonierte er mit seiner Angebeteten, um ihr die freudige Nachricht des soeben gemieteten Hauses zu erzählen. Er plauderte und lobte die Liegenschaft in allen Sätzen, bis auch seine Freundin Paula sich dafür zu erwärmen begann und schließlich zeigte auch sie sich sehr begeistert. Jetzt hatte er endlich das gefunden, was er schon lange vor seinem geistigen Auge gesehen hatte.

Nun war es an der Zeit für eine klare zeitliche Planung seiner zukünftigen Tätigkeit und den Einzug in seinen neuen Wohnort. Er wusste, dass er nun das Ziel vor Augen hatte und dass er es durchziehen würde.

Und es lief alles wie gedacht; er schaffte seinen Abschluss recht gut. Voll Stolz nahm er sein Diplom entgegen, und auch seine Eltern waren mächtig stolz auf ihren Sohn. Sie gingen in ein schickes Restaurant zum Essen. Denn eigentlich hätten sie nie erwartet, dass ihr Sohn Toni eine solche schwere Ausbildung schaffen würde, und deshalb waren sie besonders glücklich. Ein unvergesslicher Tag für die Familie, und ein aufgestellter Toni mit zwei strahlenden Elternteilen.

Dann war ein zweites Fest angesagt: die versprochene Heirat mit Paula. Nachdem er sie kennengelernt hatte, gab er ihr in der Kirche das Jawort und sie strahlte ihn mit einer Inbrunst an, als wäre er ein König.

Sie liebte ihren Toni, weil er immer zu seinem Wort gestanden hatte, sie sich auf ihn verlassen konnte und weil er jetzt ein studierter Mann war, der wusste, wie man mit Kindern umgeht und sie erzieht. Und er adoptierte Sarah, als wäre sie seine eigene Tochter. Sie hatte also auch einen tollen Ersatzvater für ihre jetzt einjährige Tochter Sarah gefunden. Toni kümmerte sich rührend um das Mädchen, wickelte es, kitzelte und schöppelte es und alle glaubten, dass er der Vater des Kindes sei. Auch Sarah mochte ihn, denn er spielte viel mit ihr und erzählte ihr lustige Geschichten vom Pumuckl, von Zwergen und Feen. Und für Sarah war der Toni eben ihr Papa.

Ein tolles Fest, er hatte einen Pfarreisaal gemietet und eine Musikband organisiert. Freunde und Bekannte eingeladen, und auch seine Studienkollegen sollten ruhig erfahren, was er nun geworden war und dass er doch ein rechter Mann war. Alle gratulierten ihm und wünschten ihm für seine Zukunft alles Gute, viel Glück mit seiner jungen hübschen Frau und viele kleine Tonis und Paulas.

„Ja, und wann gehst du jetzt ins Einsiedlerleben im Graubünden?", wurde er immer wieder gefragt.

„Nun, ich denke, diesen Sommer werden wir es packen, ich arbeite derweil noch stundenweise bei einem Kollegen als Zimmermann, damit ich etwas Geld sparen kann bis dahin", gab er zur Antwort, während seine Frau zustimmend nickte und ihn anstrahlte, als ob soeben ein Guru gesprochen hätte.

Die Wochen und Monate vergingen wie im Flug. So kam der Tag der Abreise und Familie Balmer zog mit Sack und Pack nach Nufenen. In ein altes Holzhaus, ohne Heizung, ohne Strom und mit Wasser von der hinter dem Haus sprudelnden Quelle. Im

Stall standen bereits fünf von Toni gekaufte Schafe und daneben gackerten auch noch vier Hühner und ein krähender Hahn.

Frau Balmer blühte auf, sie war eine sehr tüchtige Frau und sie kam sehr gut mit den einfachen Verhältnissen zurecht. Sarah wurde im Alltag einbezogen, durfte den Hühnern das Futter streuen oder die Eier holen, was der Kleinen sehr gefiel. Sie lernte schnell, dass Feuer heiß ist und dass es schmerzhaft ist, sich daran zu verbrennen.

Doch ganz ohne Geld ging es natürlich auch für die Balmers nicht, zudem war Paula schwanger, denn Toni wollte viele Kinder haben. So arbeitete er als Taglöhner. Zuerst bewarb er sich vor Ort auf bestehenden Baustellen, erklärte den teils verdutzten Geschäftsinhabern, dass er als Taglöhner arbeite und am Abend einfach sein Geld haben möchte für das, was er gearbeitet habe. Er kassierte Fr. 30.-.- pro Stunde und anfangs lief es ihm recht gut, zumal er auch nach Feierabend mit den Arbeitern in die Dorfkneipen ging und sich ein Bier genehmigte oder sogar allen eins anbot. Er war schnell bekannt und alle waren gern mit ihm unterwegs. Er galt als lustiger und aufgestellter Mensch und war bei allen Mitmenschen, mit denen er zu tun hatte, sehr beliebt.

Die Baubranche boomte und Toni galt als guter Arbeiter, hatte rechte Aufträge und war auch immer sehr freundlich und hilfsbereit. Er arbeitete fleißig und brachte abends den Tagesverdienst nach Hause, wo ihn seine Frau erwartete und ihm dann sagte, dass sie noch Mehl kaufen müsste, um wieder Brot zu backen. Dann besprachen sie, was sie mit dem Geld alles sonst noch zu zahlen hätten, und der Rest sollte auf ein Sparkonto bei der Kantonalbank in Davos einbezahlt werden.

So planten sie jeden Schritt in den Bergen ganz genau und so geschah es denn auch und es lief anfangs recht gut mit Tonis Taglöhnerei. Während der seiner Tätigkeit nachging, besorgte seine Frau die Tiere und schaute, dass es zu Hause immer etwas zu essen gab und Toni auch immer wieder sein Feierabendbier trinken konnte. Und trotz der guten Auftragslage war es manchmal nicht einfach, denn er sollte ja auch im kalten Winter überleben können mit seiner Frau und seiner bald zweijährigen

Tochter Sarah. Er musste gegen Herbst immer wieder herumfragen, ob es wieder tageweise Arbeit gäbe. So kam ihm eines Tages die Idee. Und er besprach sie mit seiner Frau beim Abendessen.

„Jetzt habe ich noch für zwei Tage Arbeit auf dieser Baustelle bei der Post, und danach muss ich wieder etwas Neues finden. Meinst du, ich sollte vielleicht einmal ein Inserat im Bündner-Tagblatt veröffentlichen, so ungefähr:

Vielseitiger Allrounder (gelernter Zimmermann) erledigt für Sie als Taglöhner alle Arten von Arbeit: Holzarbeiten, Rasenmähen, Platten legen, Möbelreparaturen, Maler- und Gipserarbeiten, Kinderhütedienst, Chauffeurservice, Putzen, Stundenlohn Fr. 30.- Telefonnummer usw.?"

Umfangreiche Gesten ergänzten seine Ausführungen, während Paula sich den Kopf zu kratzen begann: „Ja, ich weiß nicht so recht, dann hast du plötzlich so viel Arbeit und kannst nicht alle Interessenten zufriedenstellen. Dann sind sie sauer und dein Ruf ist im Eimer."

„Och, das ist eine Frage der Organisation", meinte er trocken, „so kann ich die Arbeiten ja auch aufteilen und den Leuten sagen, wann ich es machen kann. Ich glaube, das wäre gut angelegtes Geld, später können wir ja immer noch etwas mehr sparen, Schatz."

Er entwarf ein Inserat für die lokale Tageszeitung, in dem er seine vielfältigen Dienste anpries. Er war überzeugt, dass er jetzt bekannt genug war, dass er Aufträge bekäme als Tagelöhner. Demnächst wollte er es veröffentlichen.

Paula nickte nur. „Du, Schatz, noch einen Kaffee?", fragte sie ihn.

„O ja, sehr gern", antwortete er und schaute seine Frau fragend an. „Wann ist es denn so weit?" Während sie das Getränk einschenkte, sagte sie: „In zwei Wochen sollte es kommen, ich denke, es wird ein Mädchen", sagte Paula, „und ich weiß auch schon, wie wir es nennen, es soll Gabriela heißen."

„O ja, ein schöner Name, damit bin ich einverstanden und wenn es ein Junge wird, nennen wir ihn Thomas", erklärte lachend ihr Mann.

Paula schüttelte den Kopf. „Ich weiß, dass es ein Mädchen wird, denn es ist so ruhig." Beide lächelten einander an.

„Wenn es dann da ist, wird es sicher ein Schwatzmaul wie die meisten Frauen", scherzte er.

Dann nahm er Sarah auf den Schoß und spielte mit ihr Hoppe-Hoppe-Reiter. Das Mädchen kicherte und hatte seine helle Freude daran, „Ja, Papi, noch einmal", wiederholte sie immer wieder, als er mit den Knien auf und ab wippte und die Kleine durchschüttelte.

Dann läutete das Telefon. Es war seine einzige Verbindung zur Außenwelt und mittels einer kleinen Solaranlage über der Eingangstür lud er den Akku jeweils über eine Autobatterie wieder auf. Er griff zum Telefon und antwortete: „Balmer." Am anderen Ende war eine Männerstimme zu hören. Paula schaute ihren Mann gespannt an.

Er sagte nur: „Einen Wald roden, was das kosten würde? Nun, ich habe einfach einen Stundenansatz von Fr. 30.- und so viele Stunden, wie ich brauche, müssen Sie bezahlen."

Dann nickte er: „Ja, gut, dann komm ich morgen um acht Uhr vorbei und sehe mir das Ganze einmal an, dann kann ich sagen, wie lange ich dafür brauchen werde. Wie war doch gleich Ihr Name, ah ja Baumgartner, Bahnhofstrasse 12, Davos. Moment, ich schreibe es mir gleich auf."

Paula hatte schnell einen Zettel und einen Bleistift bereit und notierte sich die Angaben.

„Dann also bis morgen um zehn Uhr, Herr Baumgartner", verabschiedete sich Toni. Und zu seiner Frau gewandt: „Einen ganzen Wald soll ich roden. Das gibt sicher ein paar Tage Arbeit. Aber jetzt bringe ich Sarah ins Bett; sie kann vorher noch schnell duschen. Du musst dich etwas schonen."

Paula nickte. „Ich mach derweil den Abwasch fertig und nachher spielst du noch ein wenig auf der Gitarre."

So wusch der Vater die inzwischen zweijährige Sarah von Kopf bis Fuß, nicht ohne sie tüchtig am ganzen Körper zu kitzeln. Es schien ihm so viel Spaß zu machen wie dem Kind. Dann setzten sie sich zu dritt in die Wohnstube, entzündeten eine große

Kerze und Toni spielte auf seiner Gitarre Kinderlieder, während Paula und Sarah herumtanzten und mitsangen.

Am nächsten Morgen fuhr Toni mit Herr Baumgartner zum Waldstück, welches er von Baumstrünken und Geäst befreien sollte. Er stapfte mit ihm durch das Grundstück, denn Toni sollte sich ein Bild machen können, was für Arbeit ihn erwartete.

„Nun, wie lange, denken Sie, werden Sie dafür brauchen? Das Werkzeug stelle ich Ihnen selbstverständlich zur Verfügung."

Toni kratzte sich am Kinn und meinte: „Nun, das sollte ich in zehn Tagen geschafft haben, mit acht Arbeitsstunden täglich, also in 80 Stunden."

„Gut, dann gehen wir jetzt einen Kaffee trinken und ich gebe Ihnen das Geld für die 80 Stunden. Könnten Sie denn nächste Woche anfangen?"

„Ja, klar, das erledige ich bis in zwei Wochen bis am Freitagabend. Herzlichen Dank, dass Sie mir das Geld jetzt schon geben; das ehrt mich", schleimte der Taglöhner den Kunden an.

Bei einem Kaffee wird das Ganze noch handfest abgeschlossen, Toni bekommt Fr. 2400.- auf die Kralle und unterschreibt freudestrahlend die Quittung.

Das war ein erfolgreicher Tag und Toni entschloss sich sofort, das geplante Inserat noch aufzugeben für seine Arbeitsleistung als Taglöhner bei der Zeitung. Kurze Zeit später war er 114.- Franken los, die er aber als gute Investition betrachtete. Bereits in zwei Tagen würden alle Zeitungsleser wissen, dass in der Region ein guter Zimmermann seine Dienste im Taglohn anbot. Dann machte er sich wieder auf, um an seiner angefangenen Tätigkeit auf der Baustelle weiterzuarbeiten. Freudig wurde er von den anderen Arbeitern begrüßt. Und ebenso freundlich strahlte er zurück.

Da würde Paula aber bestimmt große Freude haben, wenn er so viel Geld nach Hause brächte. Schnell verging die Zeit und Toni konnte es kaum erwarten, Paula die frohe Nachricht zu überbringen, aber vorher genehmigte er sich noch ein Bier im kleinen Dorfrestaurant.

Er war so aufgedreht, dass die anderen Männer ihn fragten, was denn los sei, er wirke so fröhlich. Toni erzählte von seinem Großauftrag und spendierte zur Freude aller gleich eine Tischrunde, was auf große Begeisterung stieß.

„Es ist schön, dass du hierhergekommen bist, das belebt unser kleines Dorf wieder und sicher gibt es bald auch wieder Geschwister für die kleine Sarah", meinte der Wirt lachend. Toni wurde von den anderen so angenommen und akzeptiert, obwohl es sonst die von den Einheimischen sogenannten Unterländer schwer hatten, Fuß zu fassen in so einem Nest.

Zwei Stunden später kam Toni nach Hause. Paula war etwas nervös, sie hatte sich schon Sorgen gemacht, dass ihm etwas zugestoßen wäre. Doch Toni zückte ein Kuvert, entnahm die restlichen Noten und überreichte es seiner verdutzten Frau.

„Hier, mein Schatz, das habe ich bereits verdient. Das ist das Geld für das Waldstück, das ich nächste Woche putzen muss."

Er gab ihr einen dicken Kuss, sie küsste ebenso dick zurück.

„Komm, ich mach dir die Kartoffeln noch mal warm", sagte sie und begab sich zum Herd, während sich Toni an den Tisch setzte und Sarah auf seinen Schoß nahm. Ja, die Balmers hatten es schon sehr schön miteinander und alle waren glücklich und zufrieden.

„Und weißt du was", erklärte der Mann seiner Frau: „Morgen Früh kann ich einen zweirädrigen Traktor kaufen mit einer kleinen Brücke hinten. Dann bin ich noch flexibler und kann auch Transporte machen." Er strahlte seinen Schatz mit einem breiten Grinsen an. „Den Rest des Geldes bringe ich auf die Kantonalbank in Davos als Reserve", meinte er weiter.

Der Montag rückte heran und Toni stand um sechs Uhr auf, um sich der bereits bezahlten Waldrodung anzunehmen. Er frühstückte gut und kräftig, dann machte er sich auf den Weg. Er wusste, dass dies ein schweres Stück Arbeit war, das er da angenommen hatte, und er wollte es möglichst in den achtzig Stunden schaffen. Doch es kam alles anders, denn er schaffte es sogar zehn Stunden früher fertig zu sein.

Toni merkte schon nach einem halben Tag, dass er das problemlos in der vorgesehenen Zeit erledigen konnte. Und er realisierte, dass er sich hier etwas verschätzt hatte. Nach der Hälfte der Zeit hatte er schon zwei Drittel des Arbeitspensums erledigt, welches er sich vorgenommen hatte. Und als er früher fertig war, freute er sich ganz besonders, denn so viel Geld hatte er in dieser kurzen Zeit noch nie verdient. Freudestrahlend erzählte er das auch seiner Frau, die ihn ungläubig anstarrte, dann aber fröhlich lachte

„Das sind gute Stunden", meinte er. „Damit kommen wir gut über die Runden. Hast du schon Anfragen aus unserem Inserat?", fragte er nach sieben Tagen Waldrodung und vielen Rückenschmerzen seine Frau.

„Nein, bis jetzt ist überhaupt noch keine Anfrage eingegangen." Sie fuhr ihm mit der Hand durch die Haare. „Und unser zweites Kind kommt in den nächsten Tagen, wahrscheinlich bis am Dienstag."

Toni kratzte sich etwas verlegen am Kopf. „Dann brauchen wir wieder Windeln, jetzt, wo Sarah ja schon eine Weile fast keine mehr braucht. Aber jetzt haben wir ja genug Geld dafür."

Am Dienstag setzten wie erwartet die Wehen ein, und zwar, als Paula gerade im Garten beschäftigt war. Sie legte sich ins Bett und es dauerte keine zwei Stunden, da gebar die junge Frau ein strammes, kerngesundes Mädchen. Erschöpft blieb sie liegen und döste vor sich hin. Erst als sie Toni kommen hörte, setzte sie sich auf.

„Paula, Schatz, wo bist du?", rief er und schon stand er vor ihrem Bett und strahlte sie an.

In einem großen Einmachglas war die Nachgeburt. Das Kind war abgenabelt und lag verschrumpelt auf dem Bauch der Mutter.

Paula schaute ihn mit erwartungsfrohen Augen an. „Es ist ein Mädchen, wie ich es gesagt habe", murmelte sie und hielt das Neugeborene hoch, um es Toni zu zeigen.

Er nahm es sanft in seine muskelbepackten Arme und schaute das kleine Wesen neugierig an. Das Mädchen sollte Gabriela heißen und schaute entsprechend zurück. Die Eltern umarmten sich und es liefen ihnen die Freudentränen über die Backen.

„Ich bin so stolz auf dich, mein Schatz", flüsterte Toni seiner tapferen Frau ins Ohr, „du hast unser Kind ganz allein zur Welt gebracht, danke! Und ich bin jetzt wirklich der richtige Papa."

Ala er nach einem strengen Arbeitstag in seiner Stammkneipe erschien, strahlte er mit breitem Grinsen. Freudig begrüßten ihn die anderen Arbeiter: „Ah, schau, der Toni kommt auch wieder einmal vorbei. Wir haben von deinem Vaterglück gehört. Herzliche Gratulation zu deiner Tochter."

Toni bedankte sich und spendete allen eine Stange Bier. Er brauchte nun einen Kübel Bier. Er erzählte von seinem Glück und dass er die letzten zwei Tage nicht gebuckelt habe. So habe er den doppelten Lohn erhalten und dazu sei er noch Vater geworden.

„He, Toni, ich habe da ein Inserat gesehen, das ist sicher von dir, oder?", meinte einer der Männer zu ihm.

„Ja, weißt du, dann bekomme ich sicher mehr Arbeit und kann mir mehr leisten. Denn ich habe jetzt einen kleinen Traktor, dann bin ich flexibler. Und wäre gut, wieder Arbeit zu haben."

„Ja, klar, jetzt, wo du schon fast eine Großfamilie hast", antwortete ein anderer am Tisch. Alle lachten und grinsten Toni an. „Prost, Toni, auf deine Tochter Gabriela!"

Sie stießen miteinander an und weil die Runde so fröhlich war, spendete auch der Wirt noch jedem eine Stange Bier, was mit heftigem Faustklopfen auf den Tisch herzlich verdankt wurde.

„Du, Toni, nochmals wegen diesem Inserat, hast du da schon Anfragen bekommen?"

„Nein, eben nicht", seufzte Toni, „und dabei hat mich dies doch 114.- Franken gekostet."

Dann wurde aufgeklärt, warum er keine Aufträge bekomme. „Ja, ich sage dir, woran es liegt, Toni, mit einem Stundenansatz von Fr. 30.- bist du viel zu billig. Dann denken die Leute, der kann sicher nichts, für diesen lächerlichen Betrag zu arbeiten, das ist sicher nur Pfusch. Du musst mindestens 36.- Franken pro Stunde verlangen." Nachdenklich fuhr Toni nach Hause, wo ihn seine geliebte Frau schon sehnsüchtig erwartete. Und auch Sarah freute sich auf ihren „Papa".

Auch Paula hatte einen harten Tag hinter sich, denn nach der anstrengenden Geburt vom Vortag, musste sie sich etwas schonen, aber heute ging es schon wieder voll ans Geschehen. Sie war eine tapfere Frau und hatte extrem viel Kraft und einen Schaffensdrang, der immer wieder auf Toni abfärbte. So setzte sie bereits wieder Kartoffeln im eigenen Garten, molk die Schafe, versorgte die Hühner, spielte mit Sarah und hängte noch Wäsche auf, die sie mühsam in einem großen Holzzuber und mit einer Holzkelle gewaschen hatte, und dazwischen stillte sie noch das neugeborene Mädchen Gabriela. So lebten die Balmers also weiter auf der kleinen abgelegenen Alp mit der zweijährigen Sarah und der neugeborenen Gabriela.

7. DER PSYCHIATER

„Du möchtest also, dass deine Familie nicht mehr am Leben ist. Das scheint mir, als ob du gewisse Erinnerungen hast, die du nun ungeschehen machen willst. Bist du denn nun enttäuscht, dass es nicht geklappt hat?" Der Psychiater versuchte, mehr aus dem Mädchen herauszubringen: „Ich möchte dir helfen, aber damit ich das kann, musst du mir noch mehr erzählen. Wie war denn das mit Antonio? Wann und wo hast du ihn kennengelernt?"

„Ich habe Antonio gern, und er liebt mich auch. Das weiß ich und das hat er mir auch gesagt. Er war auch immer sehr lieb zu mir und wollte mir helfen. Ich war einmal nach der Schule sehr müde und stolperte traurig auf der Straße nach Nufenen, mein Papa war mit dem Traktor gekommen, ließ mich aber nicht mitfahren, obwohl er ja auch nach Hause fuhr."

„Warum ließ er dich denn nicht mitfahren?"

„Weil ich am Sonntag nicht so nett war zu ihm, aber ich hatte Kopfschmerzen und er wollte das nicht glauben. Er wollte, dass ich auch mitspiele, ich sei auch sein Kind und gehöre zur Familie."

„Aha und du hast nicht mitgespielt, und da war er sauer." Das Mädchen nickte. „Und was hat Antonio damit zu tun?"

„Er kam mit dem Roller daher und hielt an, und dann sah er, dass ich traurig war und führte mich nach Nufenen hinauf. Er hat gesagt, dass er mich mag und ich ein sehr hübsches Mädchen bin."

„Jetzt verstehe ich, und hast du ihn denn wieder getroffen?"

„Ja, er wartete dann immer nach der Schule auf mich, wenn er freihatte, und dann fuhren wir ein bisschen in der Gegend herum. Einmal hat er mich auf ein Eis in ein Restaurant eingeladen. Antonio ist sehr lieb und nett zu mir."

Der Psychiater versuchte, das Fühlen und Denken des dreizehnjährigen Mädchens langsam immer besser zu verstehen. Er ahnte, dass in dieser Dreiecksbeziehung wahrscheinlich die Lösung des Problems verborgen lag.

„Ja, und dein Papa ist doch auch lieb und nett zu dir."

„Ja, ich liebe Papa und er liebt auch mich fast wie Mama. Er hat mich auch geküsst und gestreichelt, ja, ich denke, er hat mich sehr gern, er ist ja auch mein Papa. Er sagte immer, Mama darfst du das nicht sagen, sonst ist sie sehr eifersüchtig auf dich und hat dich nicht mehr gern."

„Weißt du, Papa war sicher nur eifersüchtig auf Antonio, darum hat er so reagiert", erläuterte der Fachmann seine Sicht der Dinge.

8. LEBEN IN DEN BERGEN

So lebten also die Balmers und ihre zwei Kinder Tag für Tag, Monat für Monat und es zog ein weiteres Jahr ins Land auf der abgeschiedenen Alp. Sie hatten es gut miteinander und jeder Tag war ein Freudentag, denn sie genossen die familiäre Atmosphäre, das Kerzenlicht als Lampe, wenn es dunkel wurde. Und sonntags weckte der Vater immer seine zwei Töchter, die inzwischen schon zwei- und vierjährig waren, und sie spielten lustige Sachen wie Kitzelspiele oder Adam und Eva im Paradies und alle drei hatten Spaß. Und auch die Mutter freute sich über den engagierten Vater, der sich an allen Wochenenden so liebevoll um seine Kinder kümmerte.

Und dann kam der 18. Mai, und schon war das nächste Kind da, und diesmal ein Junge namens Ueli. Bergluft mache eben potent und fruchtbar, und alles ohne Viagra, wie Toni scherzhaft zu sagen pflegte. Ja, sie waren eine glückliche Familie. Und das ohne Strom. Oder fast ohne Strom, denn Toni hatte sich eine kleine Solarzelle über der Eingangstür montiert, womit er eine Autobatterie aufladen und sein Handy mit Strom füttern konnte. Knapp zwei Jahre später kam das vierte Kind zur Welt, eine weitere männliche Sorte. Sie nannten den Jungen Thomas. Die Eltern hielten eben nicht sehr viel von Verhütung und Kinder waren für sie ein göttliches Geschenk. Ein paar Monate später abends beim Abendessen erklärte Paula: „Du, Toni, wir haben da noch etwas zu besprechen. Da kam nämlich ein Brief von der Gemeinde, dass Sarah nächstes Jahr nach den Sommerferien in den Kindergarten gehen muss nach Davos."

Sie reichte ihm ein Schreiben und er las es schnell durch. „Was, die muss in den Kindergarten, warum denn, sie hat ja ihre Geschwister zum Spielen und die Natur und uns. Na ja, dann geht sie halt in den Kindergarten. Hier steht, dass sie Anfang August hingehen soll. Das ist ja schon nächstes Jahr."

Paula nickte nur und meinte: „Ich werde mit ihr nach Davos hinunter laufen und ihr so ein paarmal den Weg zeigen. Und am ersten Tag begleite ich sie sowieso hin. Dann weiß sie nachher, wo sie hingehen muss." „Das können wir mit dem Besuch des Viehmarktes verbinden. Da gehen wir sowieso hin nächsten Monat. Ja, so machen wir es und sie soll gut aufpassen, wo ihr Kindergarten ist, dann kann sie nachher allein gehen", murmelte ihr Mann.

Und so kam es. Paula machte sich zusammen mit Sarah und Gabriela sowie dem Kinderwagen mit dem zweijährigen Ueli und dem einjährigen Thomas auf den Weg zum Viehmarkt nach Davos. Es war ein herrlicher Morgen und Toni tuckerte mit seiner Familie auf der Brücke gemächlich die Straße entlang.

„Ich bin etwas aufgeregt, und habe Angst", meinte Sarah. Für sie war Davos wie eine Stadt und sie war bisher nur selten dort gewesen.

Ihre Mutter drückte sie an sich: „Das packst du schon, und ich bin ja bei dir", tröstete sie die Kleine, „und am Abend fahren wir alle mit dem Papi wieder zurück."

„He, und vorher gehen wir noch auf den Jahrmarkt, das wird uns alten Spaß machen", meinte der Papa.

Und die ganze Familie sang Lumpenlieder und alle waren zufrieden und glücklich. Auch der Jahrmarkt war für die Kinder eine ganz spezielle Sache, denn ihre Eltern nahmen sie nur ganz selten mit zu einem Anlass.

„Darf ich eine Zuckerwatte?", bettelte Ueli.

„Aber klar doch, komm, wir holen doch grad für alle eine", antwortete die Mutter und der Vater blickte etwas verdattert drein ob solcher weiblicher Initiative.

„Komm, Ueli, wir gehen die Kühe anschauen", meinte er trocken, „vielleicht kaufen wir auch einmal eine."

Sie vereinbarten einen Treffpunkt und eine genaue Zeit, um wieder nach Hause zu fahren. „Also bis um siebzehn Uhr", rief ihnen die Mutter nach, „beim großen Karussell."

„Guten Tag, Frau Balmer", begrüßte die Kindergärtnerin die Frau mit dem neuen Kind. „Wie ich sehe, haben Sie die ganze

Kinderschar mitgebracht, und du bist sicher die Sarah, oder?" Dabei schaute sie die älteste Tochter ganz freundlich an. Das Mädchen nickte etwas scheu. „Geh doch schon mal rein, dann kannst du noch ein wenig spielen", munterte Frau Kindler das schüchterne Kind auf.

Sarah tat wie ihr geheißen und verschwand im Kindergartenzimmer, wo sie bereits eine Schar von anderen Kindern erwartete. „Darf ich auch mitspielen?", fragte sie ein anderes Mädchen, das gerade mit Barbiepuppen und Barbiehaus am Spielen war. „Ja klar, komm nur!"

Frau Balmer erzählte der Kindergärtnerin Frau Kindler ihre Familiensituation und dass sie eben in Nufenen wohnten und es nicht immer einfach sei, Sarah in den Kindergarten zu bringen.

Frau Kindler nickte nur, sie zeigte großes Verständnis für die Lage der Balmers und meinte: „Da werden wir sicher eine Lösung finden. Ich denke, dass Sarah über Mittag bei einer Familie hier in Davos bleiben kann, dort betreut wird und essen kann. Das wäre sicher auch in Ihrem Sinne, oder?"

„Ja, das klingt gut, aber ich muss das noch mit meinem Mann besprechen, vor allem auch wegen der Kosten für diesen Dienst."

Frau Kindler erklärte, dass sie das im Verlauf des Tages abklären werde und bis eine solche Lösung gefunden sei, könnte sie bei ihr zu Mittag essen. „Geben Sie mir doch eine Telefonnummer, damit ich Sie anrufen kann, wenn ich die Familie gefragt habe", sagte sie zu Sarahs Mutter. Die schrieb die Telefonnummer ihres Mannes auf einen kleinen Zettel und überreichte ihn der Kindergartenfrau.

„Mein Mann holt Sarah heute um sechzehn Uhr ab", erklärte sie.

Frau Kindler nickte. „Das ist gut so."

Und so holte am späteren Nachmittag Toni Balmer seine älteste Tochter vom Kindergarten ab.

Sarah strahlte und freute sich, als sie ihren Vater kommen sah.

Frau Kindler begrüßte den Mann freundlich: „Sie sind also Herr Balmer, der Papa von Sarah."

Mürrisch antwortete Toni: „Ja klar, sonst würde ich sie jetzt ja nicht abholen." Dann nahm er das Kind an der Hand und marschierte los.

„Auf Wiedersehen", rief Frau Kindler den beiden nach und schüttelte besorgt den Kopf. Sarah winkte zurück, während ihr Vater kurz nickte.

„Und, wie war es im Kindergarten?", fragte er das Mädchen. „Haben sie dich ausgefragt, wie wir so leben und was wir so machen?"

„Och, es war ganz lustig, ich habe viel spielen können und Frau Kindler ist auch sehr nett gewesen zu mir."

„Na, dann ist ja gut", murmelte er, „und jetzt sei ruhig und lauf weiter." Sarah tat, wie ihr befohlen wurde, denn sie kannte ihren Stiefvater und wusste, dass er sehr energisch und auch handgreiflich werden konnte, wenn man nicht tat, was er sagte.

Beim Abendessen besprachen die Eheleute das Kindergartenproblem. „Das Kind kann doch auch hier spielen", meinte der Vater, „diese scheinheilige Ziege von Kindergärtnerin passt mir gar nicht!"

Seine Frau widersprach ihm: „Aber, Schatz, du siehst doch, dass Sarah dort mehr lernen kann als nur hier oben in diesem Dorf. Und sie lernt andere Kinder kennen und auch die romanische Sprache."

„Ja, schon, aber diese Leute mischen sich in unser Leben ein, genau darum bin ich doch nicht in eine Ortschaft zum Wohnen gegangen, weil ich mein eigenes Leben leben will."

Paula fuhr ihm mit der Hand über sein Haar: „Aber, Toni, gib der Sarah doch diese Chance, du kannst doch nicht schon nach dem ersten Tag so negativ denken."

Der Kontakt mit der sogenannten Zivilisation schien Toni ein Gräuel zu sein, weil da immer wieder andere Leute in seinen Lebensstil hineinfunkten und ihn das massiv störte.

Doch Sarah marschierte jeden Morgen fleißig und zufrieden in den Kindergarten. Manchmal durfte sie auch mit dem kleinen Traktor von Papa mitfahren, nämlich dann, wenn er auch zu dieser Zeit nach Davos musste. Das freute sie immer, denn sie fuhr gern mit.

Dann gab es aber auch Zeiten, wo der Papa die Kleine einfach stehen ließ: „Du warst nicht artig am Wochenende, hast nicht getan, was ich von dir wollte, sondern hast immer über Bauchweh gejammert. Also, jetzt kannst du zu Fuß gehen, sonst wirst du viel zu viel verwöhnt." Er fuhr dann einfach weiter und dem weinenden Mädchen davon. Sarah wusste gar nicht so genau, warum ihr Vater mit ihr böse war.

Frau Kindler, die Kindergärtnerin, musste das Mädchen dann immer wieder trösten. Sie meinte dann, dass der Papa nur etwas sauer sei, weil es Montag und damit wieder Arbeitsalltag sei.

So auch am letzten Montag, wo Toni seine älteste Tochter schimpfte und ihr erklärte, dass er sehr enttäuscht sei, dass sie am Sonntag nicht mitgespielt hätte nach dem Wecken. „In Zukunft musst du immer nach Davos laufen, wenn du nicht das machst, was ich dir sage beim Spielen. Hast du das verstanden? Und wehe, du erzählst das jetzt jemandem oder der Mama, dann versohle ich dir den Hintern."

Das Mädchen nickte nur und strich verstohlen eine Träne weg. Sie hielt sich daran, denn sie wusste, wie schmerzhaft die Schläge ihres Vaters sein konnten, und es war besser, sie tat, was er befohlen hatte.

Im Kindergarten lief es ganz ordentlich und Sarah freute sich immer, wenn sie zu ihrer Mittagsfamilie gehen durfte. Da gab es einen Computer, mit dem sie spielen konnte, und es war so ganz anders als bei ihr zu Hause und auch die beiden gleichaltrigen Zwillingsmädchen der Familie hatten sie schon richtig zur Freundin gemacht.

„Ihr habt einen Computer?", fragte sie einmal eine der Zwillinge. „Ja klar, und wir können damit auch spielen, willst du es einmal probieren?"

Sarah nickte, und dann spielten die drei Kinder Sims, ein lustiges Spiel, bei dem man eine Stadt bauen und eine Familie haben kann wie im richtigen Leben. Sie waren so vertieft, dass sie gar nicht bemerkten, wie die Zeit verfloss, und hörten erst auf, als die Mutter der Zwillinge sie ermahnte, dass Sarah jetzt aber gehen müsste, sonst verpasste sie das Postauto.

„Das nächste Mal musst du uns erzählen, wie ihr da oben so lebt ohne Strom und Fernseher. Das kann ich mir fast nicht vorstellen", wunderte sich ihre Mittagsfamilie immer wieder.

So erzählte Sarah ihnen am nächsten Tag, wie sie so lebten da in den Bergen ohne elektrisches Licht und dass sie am Sonntagmorgen immer mit Papa Spiele machten mit und ohne Pyjama.

„Dann rennt ihr nackt herum?", fragte eines der Zwillingsmädchen. Sarah nickte und ergänzte, dass dies dann passiere, wenn Mama das Frühstück mache.

„Und was spielt ihr dann?", war die nächste Frage.

„Och, alles Mögliche, manchmal auch Krankenhaus oder Operation oder Geburt, aber das muss unser Geheimnis bleiben", erklärte sie den beiden Mädchen, „ihr dürft es niemandem erzählen, sonst wird mein Papa böse." Die drei waren eine verschworene Gemeinschaft und das Geheimnis blieb ein solches.

Paula hatte alle Hände voll zu tun mit ihren vier Kindern. So kam es, dass sie beim bevorstehenden Übertritt von Sarah in die erste Klasse an einem Infoabend für Eltern teilnehmen sollten. Doch Toni verstand es, sich als entschuldigt abzumelden mit dem Hinweis, dass seine Frau allein zu Hause sei und deshalb nach den Kindern schauen müsste. Und abends helfe ich ihr dann noch, mit vier Kindern gibt es viel Arbeit. Das wurde von den Schulbehörden ungern, aber immerhin doch ausnahmsweise akzeptiert.

So erklärt er aufgeregt: „Meinst du, da gehen wir hin? Sicher nicht, die sollen ihre Ideen erzählen, Sarah wird dann schon sehen, was sie erwartet. Zudem muss Gabriela dann auch schon in den Kindergarten, da ist nochmals zusätzlicher Stress geboten. Wir haben mit unseren Tieren schon genug zu tun. Das brauchen wir nicht."

Zudem ist unser Mutterschaf schwanger, und da sollten wir schon daheim sein."

Und jeden Sommer mussten sie ihren Holzvorrat aufstocken, um den doch monatelangen, harten und kalten Wintern zu trotzen und ihr Heim warmhalten zu können.

Die Kinder wurden immer älter und es wurden immer mehr, so sollte Sarah Ende Sommer in die Schule und Gabriela in den Kindergarten kommen, und auch die noch jüngeren Kinder Thomas und Ueli gaben genug zu tun. Ja, ja, Toni liebte Kinder und wollte eine große Familie haben, deshalb war seine Frau auch immer wieder schwanger, weil er nichts von künstlicher Verhütung hielt und schon zwei Jahre später plumpste Kind Nummer fünf in die Bündner Bergwelt. Auch wieder ein Junge, Toni war bei der Geburt mit dabei und auch die älteren Kinder durften zuschauen, wie das Baby auf die Welt kam. Sie nannten den Jungen Franz.

Tonis Bruder Reto, mit dem er noch regen Kontakt hatte, wollte unbedingt auch einmal sehen, wie denn nun sein Bruder und dessen Familie diese so unzeitgemäß altertümliche Art, lebt. Und er meldete sich telefonisch an für ein Wochenende bei den Balmers.

„Hallo, Toni, hier ist Reto, ich komme gegen Mitte August und bleibe dann bis am Sonntag bei euch, meinst du, dass das geht?"

„Aber klar doch, meine Frau wird sich freuen und unsere fünf Kinder sicher auch."

„Habt ihr denn auch genug Platz zum Schlafen? Mit so einer großen Familie ist das doch sicher nicht so einfach?"

„Hey, lieber Bruder, das ist kein Problem, wir legen die Kinder zusammen und dann hast du noch ein Bett frei. Und dann kannst du helfen beim Holzen." Dann erklärte er ihm, wo er fahren müsste und dass er noch mal anrufen sollte, wenn er die Hütte nicht finden würde.

Sonntags durften die Kinder natürlich wie gewohnt immer etwas länger schlafen, weil sie ja keine Schule hatten. Es war ein richtiges Ritual, das sich da in den Jahren entwickelt hatte. Während die Mutter das Feuer im Herd anzündete, ging der Vater zu den Kindern, um sie zu wecken und noch etwas mit ihnen zu spielen. Leise schlich er sich ins Kinderzimmer und begann die Kinder an der Nase zu kitzeln. Dann sagte er ganz leise guten Morgen und sie öffneten langsam ihre Augen und schauten ihn noch etwas verschlafen an. Dann kitzelte er sie an den Füßen und schlüpfte zu ihnen unter die Decke, um sie weiter zum Lachen zu bringen. Sie machten Kissenschlachten oder spielten Theater und zogen sich immer wieder andere Kleider an für die jeweiligen Figuren, die sie darstellten. Die Kinder genossen diese gemeinsame Zeit mit ihrem Vater sehr, und auch er war sehr glücklich, wenn er mit seinen Kindern herumalbern konnte.

„Hallo, zusammen, das Frühstück steht bereit", rief die Mutter ins Obergeschoss hinauf. Meistens dauerte es dann noch zwanzig Minuten, bis sie an den Frühstückstisch kamen. Doch sie waren fröhlich, lachten und schauten ihren Vater immer mit strahlenden Augen an.

„Guten Morgen, Kinder, heute lasst ihr euch aber wieder schön viel Zeit, bis ihr herunterkommt", scherzte die Mutter.

Toni meinte, dass es doch eh Sonntag sei, und da könnten sie eben nicht so stressen.

„Was habt ihr denn gespielt heute?", fragte seine Frau die Kinder.

„Na, wir haben Familie gespielt, aber nicht mit Puppen, sondern mit uns selber", antwortete Gabriela. „Es war lustig, stimmt doch, Papi?"

„O ja, es war sehr lustig, es hat mir viel Spaß gemacht." Die anderen Kinder lachten und nickten mit ihren Köpfen. Und bevor sie mehr erzählen konnten, sprach der Vater ein Machtwort. „So jetzt wird aber gegessen, jetzt ist Ruhe", ermahnte er die Kinder. Dann begannen sie zu essen, ein einfaches, aber nahrhaftes Frühstück mit Kaffee und Ovomaltine, selbst gebackenem Brot und selbst gekochter Konfitüre.

Nachher hieß es Waschen und Zähneputzen. „Dann könnt ihr noch etwas draußen spielen", sagte die Mutter.

Die Kinder taten, wie ihnen geheißen wurde, und gingen zum Schafstall hinunter, um Verstecken zu spielen. Die Eltern unterhielten sich noch ein wenig.

„Ich werde meinen Bruder morgen anrufen. Er könnte schon am Mittwoch kommen,". Vorher muss ich noch eine Steintreppe reparieren in Davos unten. Das ist eine mühsame Arbeit. Aber ich denke, dass ich es machen kann", meinte Toni. „Jetzt repariere ich noch den Brunnen hinter dem Haus, da läuft schon viel zu lange Wasser daneben."

Dann ging er hinaus und seine Frau begann Geschirr abzuräumen und die Schlafzimmer wieder bereit zu machen.

Toni rief zu sich: „Hör mal, Sarah, heute dürft ihr mit ins Restaurant kommen, weil ihr so brav wart, ich habe dich ganz besonders lieb, du bist meine älteste Tochter." Er küsste sie auf die Haare.

„Ja, Papi, soll ich es den anderen auch sagen?"

„Klar, die dürfen auch mitkommen."

Die Wochenenden waren eben immer etwas Besonderes, und wenn die Kinder mit ihrem Papa einmal mitdurften, waren sie ganz glücklich. Sein Sohn war gerade sieben Jahre alt und wollte dem Vater beim Flicken des Brunnens helfen, was diesen natürlich sehr freute.

„Also, Ueli, gib mir einmal die Zange, da muss ich noch das Rohr biegen."

Der Junge reichte ihm die Wasserpumpenzange. „Du, Papi, warum heiße ich eigentlich Ueli?", fragte er dann seinen Vater.

„Ach, weißt du, Mami und ich wollten schon lange einen Ueli haben und dann kamst du und jetzt bist du unser Ueli." Beide lachten und umarmten sich.

Am frühen Nachmittag spazierte die ganze Familie den Berghang entlang Richtung Nufenen. Alle waren fröhlich und gut gelaunt.

Paula umarmte ihren Toni, er war heute wieder besonders freundlich und sie hatten eine schöne Nacht gehabt zusammen. Denn Toni brauchte Sex, am liebsten mehrmals täglich. Und er war ein guter Liebhaber, darum liebte sie ihn auch sehr.

Unterwegs betrachteten sie Ameisen und beobachteten Singvögel, und dann versuchten sie, deren Gezwitscher nachzumachen, was allerdings nur ein schallendes Gelächter bei den übrigen Familienmitgliedern auslöste.

„Wir gehen jetzt ins Restaurant, ich habe es den Kindern versprochen." Jawohl, so sprach der liebe Familienvater Toni zu seiner Frau. Sie küsste ihn und nickte. Ja, ja ihr Mann war halt schon ein toller Typ, und sie war sehr glücklich in diesem Moment.

„Hallo, zusammen", begrüßte er seine Stammtischgenossen, „Hier ist meine Familie. Meine Frau Paula, meine Tochter Sarah, dann die Gabriela, das ist Ueli, Thomas und Franz.

„Hallo Sarah, dich kennen wir ja schon, du holst ja ab und zu das Bier für deinen Papa hier, gell." Der Wirt begrüßte die Schar freundlich und fragte, was er denn bringen dürfte.

Erwartungsvoll schauten die Kinder ihre Eltern an.

„Wir nehmen Pommes Frites und Ketchup für alle", entschied das Familienoberhaupt. „Und was nimmst du, Schatz?", fragte er seine Frau.

„Ich nehme einen Salat mit viel Soße, französische Soße!" meinte sie freudestrahlend. „Und zum Trinken einen Liter Eistee für die Kinder und für meinen Schatz ein großes Bier."

„Richtiges Teamwork, ihr beiden, schön, dass man Frau Balmer auch wieder einmal im Restaurant sieht. Es kommen selten so schöne Frauen nach Nufenen", murmelten die Stammgäste den Balmers zu und zwinkern vielsagend.

Lachend und hungrig aßen sie das servierte Essen, und sie genossen es richtig, denn es kam nur selten vor, dass die Balmers ins Restaurant gingen, und deshalb war es dann auch immer etwas Spezielles. Meistens war der Papa gut drauf, wenn sie gemeinsam das morgendliche Sonntagsspiel durchgeführt hatten.

Das Wochenende verging und schon früh klingelte der Wecker die Eltern aus dem verdienten Schlaf. Toni machte sich mit seinem kleinen Traktor auf den Weg nach Davos, wo er eine komplizierte Steintreppe fertigmachen sollte. Er musste so früh weg, dass er Sarah nicht mitnehmen konnte, weil sie erst eine Stunde später zur Schule musste.

Dann kam der Mittwoch, an dem sein Bruder erwartet wurde. Reto rief kurz nach elf Uhr an, dass er jetzt in Maienfeld sei. Toni erklärte ihm, wie er mit dem Postauto weiterfahren sollte und sagte zu Reto: „Dann hole ich dich bei der Postautohaltestelle ab."

Eine Stunde später tuckerte Toni mit seinem Bruder auf der Ladebrücke des zweirädrigen Traktors die holperige Straße entlang. Reto war sehr gespannt, wie denn die Familie so hinterwäldlerisch lebte im 21. Jahrhundert.

„Hey, das ist ja krass abgelegen", meinte er nur, als er sah, wo die Balmers wohnten. Toni lachte nur und strahlte: „Jetzt trinken wir erst mal ein Bier zusammen, dann kann ich dir meine Familie noch vorstellen." Sie setzten sich vor dem Haus in die Wiese und plauderten über dies und das.

Da läutete das Telefon: „Balmer", antwortete Toni. „Ach, du bist es, Sarah. Ob du noch zu deiner Freundin gehen darfst? Warte, ich rede mal mit Mama."

„Du, Schatz, Sarah möchte noch zu ihrer Freundin gehen, sie käme dann mit dem Neunzehn-Uhr-Postauto nach Hause. Ist das okay?" Paula nickte und Toni gab die Anweisung an seine Tochter weiter.

„Gern geschehen, ich hab' dich lieb, tschüss."

Sarah schritt langsam in Richtung Postautostelle, sie hatte ja noch Zeit und das Spielen bei den Zwillingen war heute wieder extrem schön. Und sie durfte sogar länger bleiben. Doch dann schaute sie auf ihre Armbanduhr und realisierte, dass sie viel zu spät war, da würde ihr Papa aber massiv schimpfen, wenn sie zu spät nach Hause kommt. Sarah begann leise zu weinen und dachte, dass sie jetzt zu Fuß gehen müsste. Sie marschierte die schmale Straße hoch und ihre Tränen wurden bei jedem Schritt größer und mehr. Da kam ein Vespafahrer die Straße hinauf, und Sarah drehte sich um. Er bremste sein Gefährt und fragte in gebrochenem Deutsch: „Musst du gehen Nufenen, ich muss auch nach Nufenen, du kannst mitfahren, wenn du willst. Warum du traurig?"

Sarah überlegte und sagte dann: „Ach, mein Papa wird schimpfen, wenn ich zu spät nach Hause komme. Und dann wird er mich schlagen." Sie schaute den jungen dunkelhaarigen Mann an, der ihr freundlich zulächelte.

„Komm, steig auf!"
Dann stieg das Mädchen auf und der Mann fuhr mit ihm davon.
„Hier kannst du anhalten", rief sie ihm zu, „ich wohne da hinten im Wald."
„Ich bin Antonio, ich bringe dich nach Hause." Ganz vorsichtig fuhr er den Waldweg entlang.
„Danke vielmals", flüsterte das Mädchen. Dann stieg es von der Vespa hinunter und lief den letzten Rest zu Fuß.
Antonio winkte ihr noch zu und fuhr dann weiter.
„Hallo, Mama, hallo, Papa, hier bin ich", rief sie ihren Eltern von weitem zu.
„Hallo Sarah, hattest du es gut heute in der Schule?", fragte der Vater.
„Ja und die Hausaufgaben habe ich bei Anja und Maya gemacht."
„Toll, das freut uns. Du siehst, wir haben Besuch. Und es gibt jetzt Abendessen", meinte die Mutter.
Als es Abend wurde, war die ganze Familie zusammen und gemeinsam aßen sie Spaghetti. Sarah demonstrierte dem Besucher Reto ihre Kunst, mit den Fingern in den Ohren zu drehen und mit dem Mund die Spaghettifäden hineinzuziehen. Die anderen Kinder versuchten, es ihr nachzumachen und die Tomatensoße spritzte überall in der Luft herum.
„So, jetzt ist genug, ihr könnt noch ein bisschen draußen spielen, während mein lieber Schatz mir und meinem Bruder noch einen speziellen Kaffee macht." Dann strahlte Toni seine Paula freudig an.
Die Frau nickte und Reto bedankte sich für die Gastfreundschaft und meinte, dass die Spaghetti sehr gut geschmeckt hätten.
Auch der Kaffee schmeckte vorzüglich und mit dem dazu gelieferten Enzianschnaps war das schon eine Spezialität.
Beim Reden verflog die Zeit und schließlich rief Paula die Kinder wieder ins Haus zurück.
„Sarah, du kannst noch die Schafe melken, wenn du willst, und ihr andern geht eure Pyjamas anziehen, und zwar ohne Streitereien. Klar?"

„Ja, Mami", riefen die vier und verzogen sich in den oberen Stock, während Sarah mit dem Milchkessel zum Schafstall marschierte, um die Tiere zu melken.

„Das habt ihr ja super im Griff", meinte Reto. Toni strahlte. „Aber sicher. Die Kinder haben zu gehorchen, sonst gibt es ein paar hinten drauf. Aber hör mal, also morgen müssen wir in den Wald zum Holzen gehen, dann können wir ein paar große Bäume fällen und herunterziehen."

„Aber sicher helfe ich euch, schließlich will ich ja euren Lebensstil kennenlernen."

Schreiend kamen die vier Kinder in die Küche hinunter, sie schnappten sich die Zahnbürsten und Paula drückte jedem etwas Zahnpasta auf die Bürsten. Dann schrubbten sie gemeinsam ihre Beißerchen. Es gluckste und rumpelte, glutschte und schmatzte während dieser Zeremonie.

Dann ein Küsschen für Papi, ein Küsschen für Mami und schon verschwanden sie in ihrem Zimmer, nicht ohne vorher noch ein lautes Gute Nacht hinunterzurufen.

„Schlaft gut, ihr drei", rief auch Reto hinauf.

Die Türe quietschte und Sarah kam mit dem vollen Milchkessel zurück. „Hier, Mami", rief sie, „die Mimi hat wieder extrem blöd getan beim Melken. Darum hat es so lange gedauert."

„Ja, ist schon gut, Sarah, du kannst jetzt auch ins Bett gehen", sagte ihre Mutter zu dem Mädchen.

„Du kannst dich gleich hier unten umziehen", erklärte der Vater, „sonst weckst du wieder alle anderen auf."

Sarah nickte und verschwand im unteren Zimmer. Als sie die Türe hinter sich zumachen wollte, meinte ihr Vater mürrisch: „Nein, nein, lass die Tür nur offen, damit wir sehen, ob du auch deine Unterwäsche auziehst." Sarah schaute zur Tür, wo die Eltern und Tonis Bruder am Tisch saßen und ins Zimmer hineinschauen konnten, während sie sich auszog.

„Wir sind alle eine Familie und vor Reto brauchst du dich sicher nicht zu genieren, er ist schliesslich mein Bruder, also, zieh die Unterhose auch aus, jetzt." Vaters Ton war sehr streng und das Mädchen gehorchte widerwillig. Es war ihm peinlich, sich vor dem Fremden ausziehen zu müssen.

Auch Reto war irritiert ob der Art von Toni und bemühte sich, dies nicht zu sehr zu zeigen. Doch Toni beobachtete ungeniert und genau, wie sich das Mädchen auszog. Sarah putzte danach noch die Zähne, gab den Eltern einen Kuss und Reto die Hand. „Gute Nacht, Sarah", sagte der zu dem Mädchen, „Schlaf gut."

Die drei Erwachsenen machten es sich in der Stube gemütlich und Reto offerierte einen von ihm mitgebrachten Wein.

Man plauderte noch über dies und das und schließlich legten sich alle schlafen, denn morgen wartete ein anstrengender Tag auf die zwei Männer.

Am anderen Tag marschierten die schulpflichtigen Kinder der Balmers gemeinsam Richtung Davos. Nach einem nahrhaften Frühstück hatten sie sich auf den Weg gemacht. Und kurz vor ihrem Ziel begegneten sie einem Töfffahrer, der sogleich winkte. Sarah erkannte sofort, dass es dieser junge nette Mann war, der sie vor wenigen Tagen nach Hause gebracht hatte.

„Hallo, Antonio!", rief sie ihm zu.

Ihre Geschwister schauten ganz komisch drein, sie wussten ja nicht, wer dieser Fremde mit der Vespa war. Sarah rannte auf die andere Straßenseite.

„Hallo, kleines Fräulein", sagte der Mann. „Wie geht es dir, hat dein Papa noch geschimpft mit dir am Abend, wo ich dich nach Hause gebracht habe?"

„Nein, es war alles okay, übrigens, ich heiße Sarah, Sarah Balmer."

Dann verabredete sich Antonio mit dem Mädchen: „Wenn wir uns da nächste Mal sehen, dann spendiere ich dir ein Eis!", meinte er lachend. „Heute um siebzehn Uhr?"

Sarah lachte, nickte und lief wieder auf die andere Straßenseite.

„Wer war denn das?", fragte Gabriela.

„Das war Antonio, ein Freund." Sarah drohte den Geschwistern, sie zu verhauen, sollten sie davon den Eltern erzählen. Dann liefen sie weiter zur Schule und zum Kindergarten.

Reto und Toni fuhren mit dem kleinen Traktor die schmale Straße Richtung Nufenen hinauf. Denn sie wollten heute Holz sammeln für den kommenden Winter. Sie hatten schweres Gerät mit sich, Äxte und Haken sowie machetenähnliche Messer, um die Äste abzuschlagen. Toni saß am Steuer und tuckerte gemächlich zum geplanten Waldstück. Nach einer halben Stunde wurde der Weg immer schmäler und unwegsamer und sie mussten zu Fuß weitergehen. Beide schwitzten jetzt schon wie im Hochsommer.

Schließlich meinte Toni: „So, hier ist das Waldstück, wo wir drei Bäume fällen, sie entasten und dann gemeinsam herunterziehen." Toni stapfte voran und zeigte auf den ersten Baum, den sie fällen wollten.

Dann gingen sie ans Werk. Zuerst wurden die Bäume mit der Kettensäge umgehauen, dann entastet und schließlich mit Manneskraft und langen Stielen mit Haken daran aus dem Wald gezogen. Es war ein echter Knochenjob und sie schwitzten gewaltig.

Müde kamen sie abends zu Hause an und Paula hatte bereits feine Teigwaren gekocht und eine Tomatensoße stand auch bereit. Dazu gab es Bratwürste und etwas Gemüse. Auch die Kinder kamen von der Schule nach Hause.

„Habt ihr noch Aufgaben?", fragte die Mutter die Mädchen. „Dann solltet du schnell beginnen, bevor es dunkel wird."

„Ja, Mami, gleich nach dem Abendessen werde ich sie machen, rief Gabriela." „Ja, ich auch, es sind nur Rechenaufgaben, rief Sarah.

Gemütlich wurde gegessen und Sarah setzte sich in ihrem Zimmer an den Tisch, der gegen das Fenster gestellt war. Dann begann sie mit den Rechenaufgaben. Die hatte sie gar nicht gern und immer wieder schweiften ihre Gedanken zu Antonio.

Die anderen Kinder tobten derweil im oberen Stock herum, während die Erwachsenen Kaffee mit Schnaps tranken. Schließlich sagte Toni zu seinem Bruder: „Du könntest ja noch etwas Holz spalten mit dem Beil draußen, bis es anfängt zu dunkeln, was meinst du?"

Der war zwar schon sehr müde von der harten Arbeit im Wald, aber für seinen Bruder würde er das schon noch machen. Kurze Zeit später hörte man das Beil auf die Holzscheite knallen.

Reto half danach noch beim Abwaschen und Toni schaute, wie weit die beiden Mädchen mit den Aufgaben gekommen war. Ja, Balmers hatten ihre Rasselbande voll im Griff.

Und während Sarah immer älter wurde und sich auch immer mehr genierte, sich vor anderen Leuten und der Familie auszuziehen, war dies für die jüngeren Kinder kein Problem. Doch Sarah kam langsam ins Alter, in dem sich die Scham bemerkbar machte, und es störte sie sehr, dass dies von ihrem Papa nicht respektiert wurde und Mama nichts dagegen sagte.

Die Jahre gingen ins Land und je älter die Kinder wurden, umso strenger wurde der Papa. Und er drohte den Kindern immer wieder, dass sie hier ihren eigenen Lebensstil lebten und es niemanden etwas angehe, was sie machten und wie sie wohnten. Jedes Wochenende spielte der Papa mit seinen älter werdenden Kindern verschiedene Rollenspiele, nur die Älteste weigerte sich, länger dieses private Vergnügen mitzumachen. Sie war inzwischen zwölf Jahre alt geworden. Schließlich klagte sie jeden Sonntag über Kopfschmerzen und Bauchweh, nur um nicht mit Papa spielen zu müssen oder mit sich spielen zu lassen.

Schließlich meinte der Vater eines Sonntagsmorgens zu ihr: „Du kannst heute im Bett bleiben, du bist jetzt krank und bleibst eine Woche zu Hause." Sarah war das nur allzu recht, denn so musste sie keine Schmerzen vorjammern und Papa ließ sie in Ruhe.

Sie dachte nur an ihren Antonio, den sie immer öfters traf und mit dem sie es sehr lustig hatte. Sie gingen baden oder spazieren, spielten Fußball oder führten den Hund des Nachbarn Gassi. Antonio war sehr anständig, er gab Sarah einen Kuss auf die Wange und hielt ihre Hand. Mehr war da nicht, denn auch er wusste, dass das Mädchen erst zwölf Jahre alt war.

Schließlich kam ihr dreizehnter Geburtstag, und der fiel genau auf einen Samstag. Es war der 13. März.

Sarahs Eltern wollten an diesem Tag noch auf den großen Jahrmarkt gehen, und zwar nach Chur.

„Geburtstag feiern können wir dann am Abend", meinte Papa.

Das wussten die Zwillinge und luden Sarah zu sich nach Hause ein. Und Sarah hatte mit Antonio abgemacht, dass sie sich um vier Uhr treffen könnten. Auch das Wetter machte voll mit, es herrschten angenehme Temperaturen und die Sonne ließ ihre Strahlen sanft herunterfließen.

Antonio hatte sich extra vorgenommen, mit Sarah am Nachmittag etwas zu unternehmen. Er wollte mit ihr ausfahren und an einem schönen Ort ein feines Eis essen. Sie freute sich sehr, den jungen Mann zu treffen, denn von ihm fühlte sie sich angezogen und beschützt. Auch Antonio strahlte, als er kurz vor sechzehn Uhr am vereinbarten Platz eintraf. Er begrüßte das Mädchen mit einem Kuss auf die Wange und sagte: „Hey, das ist echt toll, dass ich jetzt einmal mit dir ausfahren darf. Setz den Helm auf, wir fahren nach Chur, ich kenne dort ein sehr feines Café, wo wir ein Eis essen können."

Sarah tat dies gern und dann fuhren die beiden los, Antonio am Steuer und Sarah hinter ihm klammerte sich an seinen Rücken und war einfach nur glücklich.

Sarah erzählt Antonio von der Schule und von Zuhause:

„Ja, wir leben da abgeschieden von der Zivilisation wie die ersten Menschen im Wald ohne Fernseher, ohne Radio und ohne Strom. Papi ist immer sehr lieb zu uns, besonders am Sonntag, da massieren wir uns gegenseitig und kitzeln uns von Kopf bis Fuß."

Als Antonio wissen wollte, wie viele Geschwister sie habe, begann Sarah mit den Fingern zu zählen. „Also da ist Gabriela die ist zehn, dann komm noch meine drei Brüder, Ueli, Thomas und Franz."

„Und die spielen alle mit am Sonntag?"

„Ja, klar", meinte Sarah, „sonst gibt es Schläge von Papi, wenn wir nicht mitmachen."

Dann redeten sie über die Zukunft und vergaßen die Zeit. Natürlich kam es, wie es kommen musste, und Sarah kam zu spät nach Hause. So fand Toni das mit Antonio heraus. Es hagelte Schelte und Schläge auf den immer fraulicher werdenden, total nackten Körper des zwölfjährigen Mädchens von Hand.

Am nächsten Tag traf sich Sarah wieder mit Antonio. Er sah, wie traurig das Mädchen blickte, und lud es zu einem Getränk in ein Restaurant ein.

Als Sarah meinte, dass sie dann zu spät nach Hause käme, erklärte ihr Freund, dass er sie nachher nach Hause fahren würde.

„Ich wünschte, meine ganze Familie wäre tot", heulte das Mädchen los und erzählt dann vom vergangenen Abend: „Mein Papa hat mich fest geschlagen auf meinen Po und meinen Rücken. Dann wollte er wissen, wer Antonio ist und ob ich schon mit ihm Sex gehabt habe. Ich schüttelte den Kopf, da griff er zwischen meine Beine. Er wolle sehen, ob ich noch Jungfrau bin. Das hat mir sehr wehgetan. Alle sollen sterben, ich will nicht mehr nach Hause gehen."

Antonio war entsetzt über dieses Gebaren mit so vielen Kindern.

„Hör mal, Sarah, dein Papa darf dich nicht schlagen, und dir auch nicht zwischen die Beine greifen, das ist verboten. Wir müssen dem Ganzen ein Ende setzen."

„Ja, wir zünden das Haus an und fahren dann weit weg, ich will einfach alles vergessen."

Antonio wischte ihr eine Träne weg und nickte. Er überlegte lange, ob er zur Polizei gehen sollte, aber er ahnte auch, ja, er war davon überzeugt, dass die ihm bestimmt nicht glauben würden und dem Mädchen sicher auch nicht.

Wie eine gelbgebackene Omelette leuchtete am Nachthimmel der Vollmond. Es war eine laue Sommernacht, schwarze Waldgruppen standen wie Geister vor dem hell erleuchteten Sternenhimmel.

Antonio schnallte den Benzinkanister hinter sich auf den Roller und befestigte ihn mit einem Gummiseil. Er arbeitete zügig, so wie einer, der ein Ziel vor Augen hat und weiß, was er will. Ja, der junge Mann wusste, was er machte, seinen Plan hatte er schon vor einer Woche ausgeheckt. Bei Vollmond sollte es passieren, damit sie beide noch etwas sehen würden beim nächtlichen Weglaufen. Dann surrte er zielstrebig die Straße Richtung Nufenen hinauf. Er fuhr einen Waldweg hinein und stellte seine Vespa startbereit hinter einen Baumholzstapel. Den gefüllten Benzinkanister nahm er auf seine Schultern und stapfte mühsam zum Bauernhof, in dem seine Sarah wohnte.

Alles war ruhig, er schlich möglichst leise durch die Böschung an die Hinterseite des Hauses.

Er wusste, in welchem Zimmer sein Schwarm schlief, und klopfte mit einem langen Stecken kurz an ihre Fensterscheibe. Ein Wuschelkopf erschien und das Mädchen öffnete das Fenster. Antonio winkte ihr zu. „Hast du alles? Zieh deine Schuhe an und dann komm", flüsterte er ihr zu. „Ich warte unten vor dem Haus auf dich."

Sarah nickte, sie war bereits mit den Kleidern ins Bett gestiegen. Sie zog die Jacke an, nahm ihre Turnschuhe unter den Arm und stieg langsam die bei jedem Schritt knarrende Holztreppe in den unteren Stock hinab. Zwischendurch blieb sie stehen und lauschte, ob jemand erwacht sei, doch es war alles ruhig. Dann öffnete sie die Türe und schlich hinaus.

Antonio stand bereits mit dem Benzinkanister bereit. „Hast du die Strohballen vor die Abstellkammer gestellt?", fragte er.

Das Mädchen nickte und zeigte ihm den Weg.

„Halte mal die Lampe!", sagte Antonio und gab sie ihr. „Es muss gut brennen, du musst mir zünden, wenn ich das Stroh verteile." Ganz ruhig verstreute er das Stroh im angebauten Abstellraum, dann nahm er den Benzinkanister und leerte die zwanzig Liter Benzin im ganzen Raum aus. „Jetzt legen wir hier noch eine kleine Kerze hin, umhüllen sie mit Papier und wenn sie heruntergebrannt ist, dann zischt es und alles brennt nieder."

„So, jetzt machen wir dieser Geschichte ein Ende", sagte Antonio und drückte die Dreizehnjährige an seine Brust. Zärtlich streichelte er ihr durchs hellbraune Haar. „Ich liebe dich, und jetzt beginnen wir zusammen ein neues Leben. Deine Eltern sollen nur verbrennen und dieser Albtraum und alles damit soll sich in Luft auflösen. Dann kannst du vergessen und wir beginnen von Anfang an neu."

Vorsichtig büschelte er alles zusammen, nahm sein Feuerzeug und entzündete die Kerze.

„Wir haben nicht viel Zeit, komm jetzt", flüsterte er Sarah zu, nahm sie am Arm und beide rannten ums Haus und liefen zum Waldweg, wo die Vespa versteckt war.

Sarah blickte nochmals kurz zurück und dann lief auch sie hinter ihrem Freund her, der sie immer wieder anfeuerte, dass sie sich beeilen sollte.

Als sie aufs Motorrad stiegen, sahen sie schon einen hellen Feuerschein.

Beide starrten nochmals zurück in die sich schnell verbreitenden Flammen, die sich dank des Benzinkanisters rasend schnell im Heu ausbreiteten und sich die Holzwände des alten Bauernhauses hinauffraßen.

Dann stiegen sie aufs Motorrad und brausten los Richtung Davos. In einer Kurve hielten sie an und vergewisserten sich nochmals. Sie sahen, wie die Flammen immer größer wurden und das Haus schon fast lichterloh brannte.

Sirenengeheul riss sie aus ihrer Gedankenwelt in die Wirklichkeit zurück.

„He, wir müssen gehen", sagte Antonio plötzlich, und da sahen sie die sich die Straßen hinaufwälzenden blauen Lichtblitze und hörten die lauten Sirenen. „Das ist die Feuerwehr, komm, wir müssen uns verstecken!"

Schnell schob er seine Vespa hinter einen Holzstapel und sie kauerten in der Hocke daneben. Dann brauste das Tanklöschfahrzeug an ihnen vorbei die Bergstraße hinauf. Kaum war es vorüber, setzten sie sich schnell wieder auf Antonios Gefährt.

Sarah klammerte sich fest um seinen Bauch und flüsterte schluchzend: „Jetzt habe ich nur noch dich, Antonio."

Dann brausten sie gegen Davos hinunter und das Tal weiter Richtung Chur und Autobahn.

Nur weg von diese Familie, diesem bösen Vater, dachte Antonio, meine Sarah soll dieses Tal, ihre Eltern und Geschwister einfach vergessen. So, als hätten sie nie existiert.

Die dunkle Nacht verschluckte die Vespa und bald war auch das rote Rücklicht nicht mehr zu sehen, Sarah schloss ihre Augen und lehnte sich fest an Antonio an, der Fahrtwind verscheuchte ihre Gedanken und sie war fest entschlossen, diese weit hinter sich zurückzulassen und ein neues Leben zu beginnen mit ihrem Freund aus Italien.

Toni schnarchte neben seiner Frau; bis diese ihn plötzlich anstupste: „He, Toni, riech mal, das riecht nach Feuer."

„Ach, das wird die Glut im Kochherd sein, die noch ein bisschen glimmt", brummte er, drehte sich auf die andere Seite und schlief weiter.

Doch es roch immer stärker und schließlich standen die beiden auf, um nachzusehen, denn das Bauernhaus, das sie bewohnten, war ein altes Holzhaus.

Paula riss die Tür auf, da kam ihr beißender Rauch entgegen. „Toni, Toni, es brennt, das Haus brennt!"

Der Mann sprang mit einem Satz aus dem Bett und war plötzlich hellwach, als ihm die Flammen aus dem Kellergeschoss entgegenprasselten. Lodernd fraßen sie sich die trockenen Holzwände hinauf und verbreiteten Gestank, Hitze, Rauch und Zerstörung.

„Die Kinder, hol die Kinder", rief er seiner Frau zu und drückte Sarahs Schlafzimmertür auf. „Sarah, Sarah, komm schnell heraus, es brennt", schrie er ins Zimmer und packte die Bettdecke, um das Mädchen in Sicherheit zu bringen. Doch unter der Bettdecke war keine Sarah, das Mädchen war verschwunden.

Entsetzt lief er in die Küche zurück, wo ihn bereits das Geschrei und Weinen der vier jüngeren Kinder empfing.

„Raus hier, schnell raus hier", rief er und packte im Herauslaufen Thomas und Franz unter seine Arme und verschwand vor der Tür mit ihnen. „Lauft zum Stall hinunter", wies er sie an, „und wartet dort."

Dann kam auch schon Paula mit den andern zwei Kindern herausgekeucht. Toni wies sie zum Stall hinüber und wollte beginnen, das Feuer zu löschen. Doch gegen die Flammen hatte er keine Chance, denn das alte trockene Holzhaus brannte innerhalb kürzester Zeit wie Zunder.

Mit schwarzem Gesicht und verkohltem Pullover rannte er zum Stall hinüber, wo bereits die ganze restliche Familie saß und erstaunt auf ihr brennendes Haus schaute.

„Wo ist Sarah?", fragte Toni scharf. „Wenn ich die erwische, dann versohle ich ihr den Hintern, das verspreche ich dir." Wutentbrannt sah er sein Haus niederbrennen. „Ich weiß nicht, wo Sarah ist", sagte er ganz leise zu seiner Frau und fuhr mit der Hand über die Haare der weinenden Kinder.

Dann hörten sie auch schon die Sirenen und sahen die blau blinkenden Lichtblitze der Feuerwehr durch die Waldwipfel hindurch gegen Nufenen rasen. Kurz darauf waren neben dem Prasseln des Feuers die Kommandos der Feuerwehrmänner zu hören. Die Feuerwehr rollte bereits Schläuche aus und begann den hoffnungslosen Kampf gegen die wild lodernden, gierig holzfressenden Flammen und kurz darauf schoss der erste Wasserstrahl aus dem Löschrohr. Doch das Feuer hatte sich schon zu weit verbreitet, während die Männer mit Eifer die Löschung des Hauses versuchten.

Da kam ein Feuerwehrmann auf sie zu und sagte: „Wir machen den Rest. Sie können mit ihrer Familie nach Davos gehen, am besten in ein Hotel, denn hier werden sie nicht bleiben können. Dann sehen wir morgen weiter. Mein Kollege wird sie herunterfahren ins Hotel Bahnhof."

„O ja", meinte Paula trocken, „aber wir müssen noch Sarah suchen."

Toni nahm sie am Arm und sagte: „Bring die Kinder, wir gehen ins Hotel, ich bin hundemüde."

„Hoffentlich ist der Sarah nichts passiert, ich mache mir schon solche Sorgen um sie, ich habe Angst um die Kleine, sie ist doch erst dreizehn." Leise und leicht verzweifelt tönten diese Worte aus dem Mund der Mutter.

„Ach was, die ist doch schon so verdorben mit ihrem Italiener, die hockt bestimmt wieder mit dem zusammen", murrte der Vater und nahm seine Frau in den Arm. „Kommt, wir gehen."

Dann stiegen sie alle in den großen Jeep. Nur eine fehlte, die dreizehnjährige Sarah.

Im Hotel wartete bereits die Polizei, die sich über das Aussehen und Alter der vermissten Sarah informieren wollte.

„Haben Sie vielleicht ein Foto von ihr? Und haben Sie eine Ahnung, wo das Mädchen hingegangen sein könnte? Vielleicht zu Verwandten oder zu einer Freundin?"

„Nein, leider haben wir nur das retten können, was wir anhaben, also Fotos habe ich keine, und es ist uns allen ein Rätsel, aber ich werde sie bestrafen, wenn sie wieder nach Hause kommt", murmelte Toni.

„Wir kommen morgen Früh noch mal vorbei", meinten die zwei Polizeibeamten. „Gehen Sie jetzt schlafen. Ich denke, die Aufregung tut auch den Kindern nicht gut."

Mit vollen Windeln der Jüngste, tränenüberströmt und jammernd Gabriela, dazwischen ein Gemisch von Geräuschen, Geknurre und Geschniefe, am Boden kauernd, oder am Hosenbein des Papas hängend, ließen die Kleinen das Geschehen über sich ergehen.

Dann endlich legte Paula ihre Kinder in die bereitstehenden Betten, wo sie sofort wieder einschliefen und grummelten.

Toni und Paula lagen noch eine Weile wach im Bett, und beide hingen ihren Gedanken nach.

„Das war sicher wieder diese Italiener, der hat das Mädchen sexuell verdorben, dabei ist Sarah doch erst dreizehn und sieht noch wie ein kleines Kind aus", meinte der Mann.

„Ach was, der Antonio ist nur ein guter Kumpel, mehr ist da nicht dahinter", beruhigte ihn seine Frau.

Schließlich hörte sie nur noch ein Schnarchen, Toni war eingeschlafen. Es war auch für ihn ein bisschen zu viel Rummel und Bier.

Antonio brauste durch die Nacht in Richtung Autobahn.

Ganz fest klammerte sich die dreizehnjährige Sarah mit ihren Armen an den jungen Italiener. Tränen kullerte ihr über die Wangen, Tränen der Trauer und Tränen der Wut. Das Brummen des Vespamotors dröhnte durch die laue Nacht.

Nur fort von hier, weg von diesem Grauen, dachte sich der Vespapilot. Sarah soll es einmal sehr schön haben bei mir. Denn ich habe dieses Mädchen gern, auch wenn es noch so jung ist. Nur fort von hier.

Antonio war sehr müde vom Fahren und von den Ereignissen der vergangenen Tage und Wochen. Auch Sarah hatte schwere Augenlider und so legten sie sich zwischen zwei Bäumen ins Gras nieder.

„Das war eine lange Nacht", flüsterte Antonio seinem Mädchen noch ins Ohr, „aber nun ist endlich der ganze Albtraum vorbei." Sarah küsste ihn zärtlich und lächelte müde. Dann drückt er sie fest an sich und kurz darauf schliefen die beiden ein.

Doch schon zwei Stunden später erwachten die beiden, geweckt vom Lärm der vorbeirasenden Autos und dem Brummen der Lastwagen.

„Komm, wir fahren weiter, ich kann bei dem Lärm nicht mehr schlafen", flüsterte Antonio leise. Dann zogen sie ihre Helme wieder an und fuhren weiter auf der Autobahn Richtung Zürich. Langsam stieg die Sonne hoch und begann die Luft zu erwärmen. Im gleichmäßigen Brummen fuhren Antonio und seine kleine Freundin immer weiter weg vom Ort des tragischen Geschehens, Kilometer um Kilometer.

Der Hunger brachte sie schließlich wieder zum Halten und in der Raststätte Heidiland genehmigten sich die beiden ein nahrhaftes Frühstück.

„Hey, jetzt habe ich einen Riesenhunger", meinte Antonio, „und du musst auch unbedingt etwas essen. Soll ich dir noch einen Orangensaft holen?"

Sarah lächelte und nickte; sie spürte, dass dieser junge Italiener es wirklich gut meinte mit ihr. „Danke", flüsterte sie ihm zu, während er am Tresen die Speisen zusammensuchte.

Auch im Hotelrestaurant Bahnhof regten sich die ersten Gäste und standen auf. Es waren Gastarbeiter, die bereits um halb sieben das Frühstück einnahmen, weil sie um sieben Uhr ihre Arbeit auf dem Bau oder in einer Fabrik beginnen mussten.

Nur in den Schlafzimmern der Familie Balmer regte sich noch gar nichts. Bis plötzlich ein zärtliches Jammern an die Ohren der Eltern drang. „Mami, Mami", schien die piepsende Stimme zu sagen.

Paula war nun plötzlich hellwach und schaute auf die Uhr. „Hey, Toni, es ist schon acht Uhr. Die Kinder rufen auch schon, das ist sicher wieder der Ueli, der ist auch so ein Frühaufsteher wie sein Papa."

Toni hatte sich nochmals auf die Seite gedreht, denn der Stress der vergangenen Nacht saß ihm noch tief in den Knochen. Paula war aufgestanden und hatte begonnen, die noch verblieben Kleider der Kinder zusammenzusuchen.

Gemeinsam gingen sie zum Frühstück, und es war sehr ruhig beim Essen.

„Sag jetzt gar nichts, sondern iss erst einmal das Frühstück", meinte Paula zu ihrem Mann, der sie wütend anschaute und dessen Augen wie Gift blitzten.

Aber er tat, was seine Frau verlangt hatte, auch wenn es ihm sehr schwerfiel.

Auch die Kinder spürten die gespannte Atmosphäre und waren mucksmäuschenstill. Gabriela wagte es dann doch zu fragen, wo denn die ihre Schwester sei, da rastete der Vater aus und warf ihr den Kaffeelöffel nach, traf aber zum Glück nicht.

Paula hielt den Arm ihres Mannes und sagte: „Spinnst du jetzt schon wieder wie früher? Hör auf mit diesem Getue!"

Nach dem Frühstück ging die Mutter mit den Kindern spazieren, um sich etwas abzuregen und damit die Kleinen beschäftigt waren.

„Klär du doch inzwischen ab, was mit unserem Haus passiert ist. Du musst ja eh noch auf die Polizei gehen heute Vormittag", sagte sie zu ihrem Mann, „Ich gehe inzwischen mit den Kindern auf den Spielplatz."

„Ich gebe jetzt eine offizielle Vermisstenmeldung wegen Sarah auf. Diese verdammte Saugöre, wenn ich die in die Finger kriege, dann kann sie was erleben! Und ihr Mafiosifreund auch, das ist Kindesmissbrauch, was der Mann da mit unserer Tochter treibt."

Mutter und Kinder gingen zum Spielplatz, während der Vater wütend Richtung Polizeiposten lief.

„Guten Tag, was kann ich für Sie tun?", fragte die Frau am Empfang freundlich.

„Ich heiße Balmer, unser Haus ist letzte Nacht abgebrannt, und jetzt ist meine älteste Tochter Sarah noch verschwunden."
„Warten Sie einen Moment, ich glaube Kommissar Albrecht erwartet Sie bereits."
Nach einem kurzen Telefonat kam ein graumelierter Mann herein, gab Herr Balmer die Hand, stellte sich vor und bat ihn, ihm zu folgen. „Bitte setzen Sie sich, Herr Balmer", sagte er freundlich, als sie im Büro des Kommissars angekommen waren.
„Danke, Herr Albrecht", antwortete der gestresste Besucher trocken.
„Ja, eine böse Geschichte, was, das da mit ihrem Haus in Nufenen. Wie geht es Ihnen und ihrer Familie?", fragte der Kommissar mitfühlend.
„Es ist Antonio, der das gemacht hat!", erboste sich Balmer. „Er hat der Sarah den Kopf verdreht. Und jetzt ist sie verschwunden!"
„Wer ist Antonio? Und ihre Tochter Sarah ist verschwunden, mit diesem Antonio? Vielleicht ist sie bei Verwandten oder bei einer Schulfreundin. Oder sonst bei jemandem Bekannten. Haben Sie das schon überprüft? Erzählen Sie mir alles der Reihe nach, und dann schreiben wir ein Protokoll, damit wir eine Untersuchung einleiten können. Bei der Familie, wo sie Mittags immer war, ist sie nicht, das haben wir bereits geprüft"
Herr Albrecht war sehr freundlich mit Herrn Balmer und musste ihn aber immer wieder beruhigen, weil der sehr aufgewühlt war.
„Nun, Herr Balmer, die Spezialisten der Brandverhütung werden in den nächsten Tagen mit der Untersuchung des abgebrannten Holzhauses beginnen, damit wir die Ursache klären können."
„Das war der, der hat das auf dem Gewissen, er wollte uns töten, Antonio, das ist so, glauben Sie mir. Und er hat meine Tochter Sarah sexuell missbraucht, die ist ja total auf diesen Mafioso abgefahren. Ich werde sie schon züchtigen, wenn sie wieder da ist", erboste sich der Mann erneut.
„Nun, wir werden sofort eine Fahndung nach dem Mädchen herausgeben, aber vorher sollten wir wissen, ob es nicht bei Be-

kannten, Verwandten oder Freunden sein könnte. Jetzt beruhigen sie sich doch bitte erst einmal"

„Nein, die ist mit diesem Antonio abgehauen, dieses Mädchen, wenn ich die erwische ..."

„Wer ist denn nun dieser Antonio?", fragte der Polizist. „Wie heißt er sonst noch?"

„Das weiß ich nicht, aber ich denke, dass er damit etwas zu tun hat. Er hat sie verführt, und dabei ist sie doch erst dreizehn Jahre alt."

Kommissar Albrecht versuchte weiter, den Mann zu beruhigen. „Das sind schwere Anschuldigungen und ich denke, Sie sollten jetzt erst mal nach Hause gehen und sich überlegen, wo Sarah noch sein könnte. Und vielleicht weiß Ihre Frau, wer dieser Antonio ist und wie sein Familienname lautet. Wenn sie es weiß, rufen Sie mich bitte an, hier ist meine Karte."

Herr Balmer steckte die Visitenkarte ein und verabschiedete sich von Herrn Albrecht.

„Mama, wo ist denn der Papa hingegangen?", fragte Ueli.

„Ach, der ist auf der Polizei, um eine Anzeige zu machen, weil unser Zuhause abgebrannt ist."

„Und wo ist Sarah?", wollten die Buben wissen. Paula erklärte den Dreien, dass sie das nicht wüssten, dass sie aber sicher bald wieder zu Hause sein würde. „Komm, geht jetzt wieder spielen", sagte sie etwas barsch zu den fragenden Kindern, während sie sich auf eine Bank setzte und über alles nachzudenken begann. Was ist wohl mit der Sarah, die war doch immer so ein anständiges Mädchen, grübelte die Mutter über ihre Familie nach. Gut, vielleicht waren wir zu streng mit ihr, besonders der Toni war ja echt streng zu ihr, und doch glaube ich, dass er nur das Beste wollte.

Sie wartete ungeduldig auf die Rückkehr von Toni und sah immer wieder in Richtung Kirche, weil sie ja jeden Moment ihren Mann erwartete. Schließlich kam er mit grimmigem Gesicht um die Ecke marschiert. „Komm, Toni, trinken wir erst mal noch ein Bier", rief sie ihm zu. Dann entnahm sie ihrer

Handtasche zwei Büchsen Lagerbier und mit lautem Zischen gefolgt von einem schluckenden Glucksen ersäuften die Balmers einen Teil ihrer blanken Nerven. „Ah, das tut gut", schimpfte Toni und Paula nickte.

„Was hat die Polizei gesagt?" Neugierig schaute sie ihren Mann an.

„Nun, ich habe eine Anzeige gemacht und der Polizist wollte wissen, wer Antonio ist.

Ich habe ihm nur gesagt, dass ich das nicht weiß. Weißt du denn, wie dieser Mafioso sonst noch heißt?"

Paula schaute ihren Mann nachdenklich an, dann schüttelte sie den Kopf. „Nein, ich weiß nur, dass er Sarah kennt und sich mit ihr getroffen hat."

„Eine komische Familie, diese Balmers", sagte der diensttuende Polizist zu seiner Kollegin. „Da brennt ihr Haus ab und jetzt fehlt auch noch die älteste Tochter. Schick mal eine Fahndung raus an die Kollegen in der Region. Hast du die Beschreibung des Kindes?"

„Ja, ich habe hier alles notiert, was der Vater gesagt hat. Meinst du, das war ein Unfall?"

„Das werden die Brandermittler schon noch herausfinden, warum seine Hütte abgebrannt ist. Habe auch den Vater überprüft, der Mensch ist sauber, er ist nicht vorbestraft, hier sehr beliebt, hat einen guten Leumund und keine Schulden."

Dann tippte die Polizistin die Personalien und die Beschreibung der gesuchten Person in den Computer:

Vermisst wird Sarah Balmer, geb. 13. März 1997 in Liestal, wohnhaft im Waldschrein, Nufenen GR.

Mädchen, schlank, blonde schulterlange Haare, dreizehn Jahre alt, trägt vermutlich eine blaue Jeans und eine schwarzweiß gesprenkelte Regenjacke. Spricht deutsch und romanisch. Ist vermutlich mit einem Mann auf einer Vespa unterwegs. Für Hinweise bitte den nächsten Polizeiposten avisieren.

Per Mail erhielten alle Polizeidienststellen im Kanton diese Meldung zugeschickt und informierten sofort die diensttuenden Beamten zwecks sofortiger Fahndung.

Antonio und Sarah waren inzwischen wieder auf ihre Vespa gestiegen und fuhren auf der Autobahn weiter Richtung Zürich. Sarah klammerte sich an den jungen Italiener und ihr Herz schlug sehr heftig beim Gedanken an ihre Familie. Der Südländer fuhr sicher und hielt sich an alle Verkehrsregeln. Er wollte nicht auffallen und ahnte, dass man das Mädchen wahrscheinlich suchen würde und sicher auch seine Personalien kannte sowie seinen Roller mit dessen Nummernschild. Und keine Stunde später schien seine Befürchtung wahr zu werden. Es gab eine Großkontrolle der Polizei, doch verblüffenderweise wurden er und seine Mitfahrerin durchgewunken, ohne nach Ausweispapieren gefragt zu werden.

„Hey, Sarah, jetzt haben wir aber Glück gehabt", meinte er zu seiner Beifahrerin. Die hatte den ganzen Trubel gar nicht mitbekommen, sondern war froh über jeden Meter, der sie weiter von Graubünden wegbrachte.

Was soll ich denn nun machen? Ich muss gut überlegen, dachte sich Antonio, denn er wollte sich nicht erwischen lassen.

Sie legten eine kleine Pause ein und Antonio erläuterte Sarah seinen Plan. „Wir fahren zu meinem Bruder nach Mollis, dort werden sie uns sicher nicht finden und mein Bruder hat selbst zwei Kinder, dann bist du eben ein Besuch aus Italien. Verstehst du?"

Das Mädchen nickte nur, es würde alles machen, was er wollte. Sie war in den feschen Italiener verliebt.

Am Abend wurde die Fahndung auf Radio und Fernsehen ausgedehnt, und eine genaue Beschreibung des Mädchens und der Vespa durchgegeben. Doch die Kleine mit ihrem Begleiter und die Vespa blieben verschwunden. Denn unterdessen war Antonio bei seiner Familie im Glarnerland angekommen und Sarah wurde mit offenen Armen empfangen. Mit italienischer Herzlichkeit und Gastfreundschaft bekam sie ein eigenes Zimmer und war dort wie ein Familienmitglied.

Unterdessen hatte das Sozialamt für die Familie Balmer eine Notwohnung zur Verfügung gestellt. Obwohl es dem Vater gar nicht gefiel, in so einer nahen Nachbarschaft mit anderen Hausbewohnern zu sein, blieb ihm nichts anderes übrig, als Ja zu sagen zu diesem Angebot.

Und Paula war froh, dass sie jetzt wieder ihre eigenen vier Wände hatte und eine Küche, wo sie wieder selbst kochen konnte. Die vier Kinder genossen besonders die Badewanne, ein Luxus, den sie vorher noch nie gesehen hatten. So planschte dann die ganze Rasselbande der Balmers im Badezimmer herum, und verursachte eine kleine Überschwemmung, bis der Vater ein Machtwort sprach und sie in ihre Zimmer jagte.

„Da siehst du, wie diese Bälge jetzt verwöhnt werden", meinte er stirnrunzelnd zu seiner Frau, „das wäre in unserem Bauernhaus nie passiert. Das ist doch eine krasse Wasserverschwendung."

„Ach, lass sie doch wenigstens einmal in der Woche ihre Freude haben. Der Schreck über den Brand sitzt sicher noch in ihren Seelen und so haben sie wenigstens etwas Spaß", meinte seine Frau und strich ihm zärtlich über seine Haare.

Toni war nicht sehr glücklich über diese Lage und fast jeden Tag gereizt und sehr gehässig. Paula versuchte immer wieder, ihn zu beruhigen und ihm zu erklären, dass das alles wieder gut werden würde.

Die Nachbarn im Wohnblock schauten immer voll Neugier auf diese ungewöhnlich vielkindrige Familie. Es wurde getuschelt: „Was, die haben fünf Kinder? Ist denn der von allen guten Geistern verlassen. Wissen die nicht, wie man verhütet?"

Doch auch für Gabriela, Ueli, Thomas und Franz, war es nicht einfach. „Das sind jetzt diese gestörten Balmers, glaub wohl, dass die dumm sind, mussten ja die Intelligenz auf fünf Kinder verteilen." So plapperten andere Mitschüler über sie, doch Ueli gab frech zurück, wenn nötig auch mit der Faust. Und seine Geschwister halfen kräftig mit und warfen mit Steinen nach den anderen Kindern. Das brachte schließlich das Fass zum Überlaufen, als Ueli mit seinem Hosengürtel wild auf einen anderen Jungen einschlug, bis der grün und blau und voller Striemen war.

Die Eltern mussten bei der Schulbehörde antraben. „Herr und Frau Balmer, so geht das nicht, ihre Kinder sind untragbar geworden, besonders der Ueli, der ist dermaßen gewalttätig, dass er bei einem weiteren solchen Vorfall von der Schule fliegt", meinte die Schulleiterin mit ernster Miene.

„Die haben einfach etwas gegen uns und unsere Kinder, denn auch die anderen sind sicher nicht unschuldig", brummte Her Balmer wütend zurück.

„Ja, das wissen wir, aber so schlimm wie ihre Kinder sind die anderen nicht. Ich schlage Ihnen eine ambulante psychologische Familienberatung ihres Buben Ueli und der anderen Kinder vor. Wahrscheinlich hat Ueli ein großes Trauma seit diesem Brand. Glauben Sie mir, ich meine es nur gut mit Ihrem Sohn, ich denke, das wäre das Beste für alle."

Es blieb ihnen nichts anderes übrig, als diesem Vorschlag zuzustimmen.

Betroffen von diesem Tiefschlag gingen die Balmers nach Hause. Ueli bekam Hausarrest und der Vater verhaute ihm zum x-ten Male den nackten Hintern mit der bloßen Hand. „Aua, Papi, aua", schrie und heulte Ueli lauthals, bis der Vater schließlich sein brutales Tun einstellte.

Schon zwei Tage später kam die erste Einladung zu einem Gespräch mit einem Schulpsychologen. „Da gehe ich sicher nicht hin", mauzte der Vater, „denken die, unsere Kinder sind blöd, oder was? Ich bin schließlich ausgebildeter Sozialpädagoge und weiß, dass eine Ohrfeige oder ein paar Klapse auf den Hintern noch niemandem geschadet haben. Das hat mein Vater nicht anders gemacht mit mir und du siehst ja, dass ich ein studierter Mann geworden bin."

So ging also die Mutter allein zu dieser ersten psychologischen Beratung.

Frau Meienberg empfing die Frau sehr freundlich. „Guten Tag, Frau Balmer, ich sehe, Sie sind allein. Kommen Sie doch herein und setzen Sie sich. Wie geht es Ihnen nach diesem schrecklichen Vorfall und haben Sie schon etwas von Sarah gehört?"

Frau Balmer spürte, dass diese Frau es gut meinte mit ihnen und lächelte freundlich zurück. „Ja, so weit geht es uns ganz gut, und das Einzige, was mir Sorgen bereitet, ist Sarah. Sie ist meine Älteste und ich hoffe, es ist ihr nichts passiert."

„Ja, das verstehe ich, aber ich denke, wenn ihr etwas passiert wäre, dann hätte sich die Polizei sicher schon bei Ihnen gemeldet. Beruhigen Sie sich und denken Sie positiv. Aber erzählen Sie mir doch mehr über ihren Alltag mit den Kindern und Ihrem Mann."

„Nun, da gibt es nicht viel zu erzählen, denn die beiden Jüngsten gehen in den Kindergarten und Gabrela und Ueli in die Schule. Nur mein Mann dreht fast durch, seit wir nicht mehr allein wohnen, und das belastet alle."

Frau Meienberg hörte interessiert zu und fragte dann: „Wie äußert sich denn das, dieses Durchdrehen?"

„Nun", die Mutter der Kinder drehte und wand sich, sie wollte nicht so recht reden.

„Haben Sie Angst, Frau Balmer? Sie müssen keine Angst haben, denn dieses Gespräch hier ist vollkommen vertraulich und wird niemandem rapportiert, ich will Ihnen helfen, Ihre Situation in den Griff zu bekommen." Ein aufmunterndes Kopfnicken gepaart mit einem freundlichen Lächeln begleitet die Ausführungen.

„Nun, manchmal schlägt er eben die Kinder, weil er glaubt, dass dies das richtige Erziehungsmittel sei. Und das macht mich sehr traurig, wenn ich sehe, wie meine Kinder darunter leiden. Ich weiß nicht, was ich dagegen unternehmen kann."

„Das geht natürlich nicht, da müssen Sie schon Partei ergreifen für Ihre Kinder, sagen Sie ihm das ruhig einmal", antwortete die Fachfrau energisch. „Und wenn alles nichts nützt, müssen Sie ausziehen oder eine Anzeige bei der Polizei machen, dann wird die Vormundschaftsbehörde eingreifen zum Wohl der Kinder."

Paula Balmer nickte nur staunend, nein, so weit soll es nicht kommen.

„Eine Frage habe ich noch. Könnten Sie mir sagen, welchen Grund das Weglaufen haben könnte?"

„Dieser Italiener, der hat ihr so den Kopf verdreht, mein Mann sagt, sie sei von ihm sexualisiert worden und wer weiß was sonst noch alles", schimpfte die Mutter lauthals.

Frau Meienberg bedankte sich für das Gespräch, denn die Stunde war um und sie verabschiedete sich von der energischen Frau. Dann dachte sie noch mal über die ganze Familie nach und überlegte, wieso Sarah verschwunden sein könnte. Das mit diesem Antonio könnte ja stimmen, aber das wäre doch sehr krass.

Eine Woche später sollte Paula mit Ueli kommen. Während sie wieder mit Frau Meienberg redete, durfte Ueli in einem separaten Raum, der voll gefüllt war mit verschiedensten Spielsachen, spielen. Ein Mitarbeiter des schulpsychologischen Dienstes war dabei und erklärt dem Jungen, dass er spielen könne, was er wolle.

Ueli schaute ihn skeptisch an und meinte dann: „Wirklich? Was ich will?"

Der Mann nickte: „Ja klar, was du willst!"

Eine hinter einem Spiegel versteckte Videokamera zeichnete die ganze Therapiestunde des Knaben auf, um daraus später Rückschlüsse ziehen zu können. Und Ueli begann zuerst mit den Autos zu spielen, ließ sie ineinander knallen und sich überschlagen und machte die entsprechenden Geräusche dazu. „Was spielst du denn jetzt? Da gehen die Autos ja kaputt", fragte der Therapeut.

„Ja, die sollen ja auch kaputt gehen, das macht Spaß", antwortete der Junge. „Peng, tsch, klirr, bumm."

Dann wechselte er zu den Puppen, die er nicht anders behandelte. Er schlug sie und schimpfte mit ihnen, versuchte, ihnen die Kleider vom Leib zu reißen und sie weiterzuschlagen. Das erschreckte den Therapeuten und er dachte sich, dass dieses Verhalten schon recht negativ ist. „Was machst du mit den Puppen? Warum reißt du ihnen die Kleider vom Leib?", wurde er vom Mann gefragt.

„Die sollen mir zeigen, ob sie auch ein Würstchen haben wie ich. Aber die sind nur Mädchen mit einem Schlitzchen zwischen den Beinen. Denen hat man das Würstchen abgeschnitten."

„Warum hat man das abgeschnitten?"

„Weil sie nicht gehorcht haben."

„Wem nicht gehorcht?"
„Das darf ich nicht sagen, sonst schneidet er mir mein Würstchen auch noch ab." Ueli begann zu weinen und warf die Puppen in eine Ecke. „Ich will nach Hause zu meinem Papa."
„Ja, du darfst nach Hause zu deinem Papa", antwortete der Mann freundlich und strich dem Knaben übers Haar.

Antonio verbrachte ein paar Tage bei seinem Bruder in Mollis. Er hatte für sich zwei Wochen Urlaub genommen, um Sarah zu helfen. Einmal fuhren sie ins Alpamare in Pfäffikon, um sich ein paar genüssliche Stunden beim Baden zu gönnen. Sie planschten in dem warmen Wasser, genossen die Rutschbahnen und ließen sich im Solarium braten.
Fröhlich fuhren sie danach wieder nach Mollis zurück. Dort erlebten sie eine böse Überraschung. Ein Polizeiwagen stand vor ihrem Haus und kurz darauf klickten die Handschellen.
Sarah begann zu weinen. Antonios Mutter nahm sie in den Arm und tröstete sie.
„Sarah wird nachher von einer Polizistin abgeholt und nach Hause gebracht", wurde die Italienerfamilie aufgeklärt. „Und Sie werden ebenfalls einvernommen", meinten die Beamten.
Derweil wurde Antonio auf den Polizeiposten gebracht, wo er dem Haftrichter vorgeführt wurde. „Sie sind vorläufig festgenommen wegen Verdacht auf Unzucht mit einem Kind", erläuterte der dienstuende Beamte den Vorwurf.
„Ich bin unschuldig, fragen Sie doch Sarah, die kann das bestätigen." Doch er wurde in Untersuchungshaft genommen und eingesperrt. Nun begann die ganze Polizeimaschinerie anzulaufen.
Eine Stunde später kam ein ziviler Wagen mit einem Polizisten und einer Polizistin, beide in Zivil. Sie zeigten ihre Ausweise und nahmen die dreizehnjährige Sarah mit.

Auch Paula und Toni wurden über das Auffinden ihrer Tochter sofort informiert. Paula begann am Telefon zu weinen und fragte sofort, ob es ihr gut gehe und sie gesund sei. „Wann kommt sie denn?", fragte sie aufgeregt.

„Wir geben Ihnen Bescheid, wenn sie kommt. Jetzt wird sie erst einmal ärztlich durchgecheckt", antwortete der Beamte.

Toni hingegen rümpfte die Nase und meinte nur: „Wenn die hier ist, dann kann sie was erleben. Uns so zu verarschen."

Sarah saß inzwischen mit der Polizistin auf dem Rücksitz des Polizeivolvos. Sie wirkte angespannt und die Polizistin fragte sie freundlich: „Sarah, wie geht es dir, hast du Hunger?"

Das Mädchen nickte und so fuhren sie an der nächsten Raststätte hinaus und das Mädchen durfte sich etwas zum Essen aussuchen. Sie entschied sich für eine Cola, Pommes Frites und Chicken Nuggets.

Die beiden Beamten nahmen je ein Sandwich und einen Kaffee. „Schmeckt es dir, Sarah?"

„O ja, danke, es schmeckt mir sehr gut. Aber was passiert denn nun mit Antonio, er war nämlich immer sehr lieb zu mir, ich habe ihn gern."

„Nun", erklärte die Polizistin, „wir werden ihn erst mal befragen, warum er mit dir weggefahren ist, und ihm sagen, dass deine Eltern Angst gehabt haben um dich."

„Und dann, darf ich ihn dann wiedersehen?"

Die Beamten schauten sich an und sofort wussten beide, was sie dachten, nämlich: typisch dreizehnjähriges Mädchen total verknallt in einen dunkelhaarigen Italiener.

„Jetzt fahren wir erst einmal zu einer Familie, bei der du schlafen kannst, und morgen wirst du dann von einer Ärztin untersucht", meinte die Beamtin.

„Und dann sehen wir, wie es weitergeht, aber sicher wirst du Antonio schon wiedersehen", ergänzte der Mann beruhigend.

„Gut, ich will nämlich nicht nach Hause, mein Papa wird mich sicher wieder zusammenschlagen", trotzte das Mädchen plötzlich.

Die Polizistin strich Sarah übers Haar: „Mach dir darüber keine Sorgen, du wirst nicht zu deinen Eltern gebracht, wir müssen das Ganze erst einmal abklären."

Inzwischen waren die Familientherapeuten zusammengesessen und hatten den Fall Balmer auf der Traktandenliste.

„Also, eine ganz normale Familie lebt etwas abgelegen ohne Strom und Heizung. Kinder gehen in Kindergarten und Schule und plötzlich brennt ihr Haus nieder. Laut Vermutungen der Polizei muss es sich um Brandstiftung gehandelt haben. Also stellt sich doch automatisch die Frage: Wer hat denn einen Grund, dieser Familie zu schaden?" Dr. Grüninger, der Chefarzt, fährt fort und erklärt die familiäre Situation: „Nun, alle Kinder sind zu Hause; außer die dreizehnjährige Sarah. Hat sie einen Grund, ihre Familie umzubringen?"

„Ich denke, es war ein Hilferuf", meint der Therapeut von Ueli Balmer, „und das älteste Mädchen hat keine andere Chance gesehen, als das Haus anzuzünden."

„Ja, das könnte sein, aber gleich so eine Reaktion finde ich doch sehr krass bei einer Dreizehnjährigen." Und dann fährt Grüninger fort: „Vater scheint recht gewalttätig zu sein, liebt aber seine Kinder trotzdem und sie ihn auch. Mutter steht irgendwo dazwischen, auch sie kämpft mit ihrer Ambivalenz zwischen Kindern und Vater. Hat man das Mädchen schon gefunden?"

Eine Mitarbeiterin erzählt, dass sie eine Mail erhalten habe, dass Sarah gefunden worden sei und man ihren angeblichen Freund namens Antonio verhaftet habe.

„Das ist gut, dann wissen wir sicher bald mehr, wo ist sie denn jetzt, die Sarah, wissen Sie das, Frau Dr. Braun?"

„Nein, ich weiß es noch nicht, aber ich werde mich sofort dahinter machen, um es herauszufinden."

„Gut, dann können wir also zusammenfassen, dass es vermutlich eine Liebschaft gibt zwischen diesem Italiener und dem Mädchen und dass vielleicht der Vater deshalb so gereizt ist, weil er eifersüchtig ist. Nun, wir müssen die weitere polizeiliche Ermittlung abwarten, aber wie sieht es aus mit der Therapie von Ueli? Und die anderen Kinder, waren die nie irgendwie auffällig?"

Der Therapeut erläuterte, dass die anderen Kinder nie so besonders negativ aufgefallen seien, obwohl schon da oder dort recht heftig gestritten wurde, und es waren immer Balmer-Kinder dabei.

Und wie Ueli ihm erklärte, würden sie immer ausgelacht, weil sie keine Handys und keinen Fernseher haben, und da schlagen sie halt dann auch einmal zu. Was an Ueli auffällig sei, der Junge wirke recht verstört, ja, er sei extrem sexualisiert und dies auf eine sehr destruktive Weise. Er erläuterte dem Team das Verhalten des Jungen und dass wahrscheinlich auch sexueller Missbrauch nicht ausgeschlossen werden kann. Doch es stellte sich nun die Frage, woher denn diese Sexualisierung des Kindes kommen könnte.

„Dieser Verdacht sollte aber noch in unseren Reihen bleiben, bis wir greifbare Resultate haben. Doch klar ist auch, das Kindeswohl geht vor, die Sitzung ist geschlossen."

Nur drei Tage später war Antonio bereits wieder an seinen Arbeitsplatz zurückgekehrt, er hatte sich einfach krankgemeldet für ein paar Tage. Sarah war bei einer Notfamilie untergebracht und hatte es dort sicher gut.

„Na, wo ist denn deine minderjährige Freundin? Habt ihr es schon getrieben miteinander?" Ein lautes Lachen der anderen Bauarbeiter begleitete die nicht allzu ernst gemeinte Frage.

Das machte Antonio wütend: „Jetzt halt deine Gosche, sonst hau ich dir gleich eine rein, ich weiß, wie alt das Mädchen ist, und habe kein schlechtes Gewissen!"

Der Vorarbeiter beendete das aggressiv gewordene Gespräch: „Lasst ihn doch einfach in Ruhe. Und macht an eurer Arbeit weiter", ärgerte sich Antonio, dass sie nicht hatten abhauen können, sondern eben doch noch erwischt worden waren von der Polizei. Dabei hätte alles so gut geklappt, wenn sie nicht erwischt worden wären.

Antonio war von der Kriminalpolizei zum Verhörrichter gebracht worden, weil es Gerüchte gab, dass er mehr als nur freundschaftliche Verbindungen mit der erst dreizehnjährigen Sarah Balmer hatte. Es war klar die Rede von sexuellem Missbrauch eines minderjährigen Kindes. Doch Antonio stritt die Vorwürfe klar ab und meinte nur, dass Sarah seine Unterstützung gebraucht habe, da ihr Vater doch recht streng zu ihr sei und sie des Öfteren geschlagen habe. Sie sollten besser mit diesem Herrn Balmer reden, der wäre an allem schuld.

„Und das Feuer, das war doch klar Brandstiftung, haben Sie das gelegt?" Antonio schüttelte seinen schwarzen Lockenkopf. „Aber wieso sollte ich dort das Haus anzünden? Damit hätte ich ja Menschenleben gefährdet, und dafür bin ich nicht zu haben."
Der Polizist notierte die Antworten auf seinem Laptop. Dann erklärte er ihm, dass er im Verdacht stehe, ein minderjähriges Kind sexuell missbraucht zu haben, und deswegen vorläufig in Untersuchungshaft bleibe.

Der Italiener erklärte erneut, dass er nie eine Affäre gehabt habe mit diesem Mädchen, sondern dass er nur sein Freund und Kumpel gewesen sei. Die weiteren Abklärungen ergaben, dass er keine Beziehung zu den anderen Balmer-Kindern hatte, diese teilweise aber recht seltsame sexuelle Sprüche klopften. Als auch die Meldungen seines Arbeitgebers, dass Antonio ein grundanständiger Kerl sei, zuverlässig, freundlich und hilfsbereit, eintrafen, da durfte der junge Mann nach Hause fahren. Er war froh, dass diese Einvernahme so endete und sie ihm ihn nicht noch länger eingesperrt ließen. Aber er hatte die Auflage, sich zur Verfügung der Kripo zu halten.

Auf der Baustelle, wo er arbeitete, war natürlich der Brand das Thema Nummer eins. „Hey, Antonio, du siehst sehr müde aus, hast du zu wenig geschlafen, du bist doch nicht bei der Feuerwehr, oder?" Gelächter der anderen Arbeiter folgte. „Gestern warst du ja nicht da, wo bist du wohl wieder herumgehangen, bei deiner Freundin, oder?"

„Ach, lasst mich doch einfach in Ruhe, Ich habe genug andere sorgen, antwortet der zwanzigjährige Italiener.

„Ist deine Freundin schwanger?", zündelten ihn die anderen weiter an. „Diese Göre ist doch noch viel zu jung für dich, dann bekommst du Probleme."

Das machte sehr wütend: „Jetzt halt deine Gosche!" Der Vorarbeiter versuchte wieder zu schlichten: „Lasst ihn doch einfach in Ruhe. Und macht an eurer Arbeit weiter."

Einen Tag später. Sarah hatte die Nacht bei einer Notfamilie verbracht, die auf solche Fälle spezialisiert und dafür ausgebildet ist. Sie hatte ein eigenes Zimmer und wurde sehr freundlich aufgenommen.

Der Mann stellte sich und seine Frau vor und zeigte dem Mädchen dann die Räumlichkeiten und sein Zimmer im ersten Stock des Hauses. „Wir sind eine Familie, die solche Kinder wie dich hier kurzfristig aufnimmt. Du hast hier alles, was du brauchst, von der Zahnbürste über den Pyjama bis zu passenden Kleidern in deiner Größe. Schlaf dich erst einmal aus, morgen sehen wir dann in aller Ruhe weiter. Hier bist du sicher, es passiert dir hier bei uns nichts." Der Mann sprach mit einer angenehm warmen Stimme und erklärte dem Mädchen, wie es nun weitergehen würde. „Und wenn du noch etwas brauchst, kommt meine Frau und bringt es dir oder du kannst sie fragen, ist das okay?"

Sarah nickte, die beiden Polizisten verabschiedeten sich, und Sarah zog sich in ihr Zimmer zurück. Sie legte sich mit den Kleidern aufs Bett und begann nachzudenken, was da in den letzten Tagen so gelaufen ist. Doch die Müdigkeit überfiel sie schnell und sie schlief ein.

Sanft wurde sie von der Frau geweckt: „Hallo, Sarah, das Frühstück ist bereit. Kommst du dann einfach ins Esszimmer, ja?"

Kurze Zeit später saßen sie am Esstisch.

„Na, hast du gut geschlafen?", fragte der Mann interessiert und freundlich. Dabei schaute er das Mädchen ruhig an.

„Ja, danke, ich bin plötzlich eingeschlafen und dann hat mich Ihre Frau wieder geweckt, aber da war ja schon Morgen."

Das Ehepaar lachte: „Ja, so schnell vergeht die Zeit, mein Kind", schmunzelte die Frau. Eine halbe Stunde später kam eine Sozialarbeiterin der Vormundschaftsbehörde und holte Sarah ab.

„Wohin gehen wir jetzt?", fragte das Mädchen. Die Sozialarbeiterin machte dem Mädchen Mut und erklärte: „Wir gehen jetzt ins Krankenhaus zu einer Frauenärztin. Die wird dich untersuchen und dann darfst du noch mit Dr. Lehmann sprechen. Er möchte dich unbedingt kennenlernen."

Die Kriminalpolizei war nicht untätig gewesen und hatte mit der Befragung der ganzen Familie begonnen.

Erst mal musste Toni Balmer seine Aussage zu der Brandsache machen. Er war um neun Uhr eingeladen, um seine Sicht der Dinge darzustellen.

Der Polizist streckte Toni Balmer die Hände entgegen: „Guten Tag, Herr Balmer, Sie kennen mich bereits, wir hatten schon einmal das Vergnügen. Mein Name ist Albrecht, ich bin der leitende Kommissar dieser Untersuchung. Setzen Sie sich doch. Möchten Sie etwas trinken, einen Kaffee, ein Wasser oder einen Orangensaft?"

Balmer setzte sich: „Gern einen Kaffee mit frischem Leitungswasser."

Der Kommissar winkte seiner Assistentin und gab die Bestellung sogleich weiter, da fuhr er fort: „Also, Herr Balmer, wir haben inzwischen herausgefunden, dass der Brand Ihres Hauses keine natürliche Ursache hatte, sondern klare Brandstiftung zugrunde liegt. Was meinen Sie dazu? Wie kommt das bei Ihnen an, haben Sie eine Idee, wer Ihnen schaden wollte?"

„Brandstiftung", schnaufte Toni Balmer los, „das habe ich doch gleich gewusst, und ich glaube, dass es dieser Italiener war, der das Haus angezündet hat, dieser Antonio. Haben Sie den schon verhört?"

„Ja, den haben wir schon verhört, aber er hat gesagt, dass er es nicht war."

„Aber sicher war der das, ich weiß es, er hat auch meine Tochter missbraucht, dieser Sauhund." Balmer ereiferte sich sehr.

Da öffnete sich die Tür und die bestellten Getränke wurden gebracht.

„Stärken Sie sich erst mal mit einem Kaffee und lassen Sie uns sachlich reden." Kommissar Albrecht schaute den Mann genau an.

Herr Balmer erklärte: „Ich weiß wirklich nicht, wer diesen Brand sonst gelegt haben könnte."

„Und was ist denn mit Ihrer Tochter Sarah, wieso ist die denn an jenem Abend nicht da gewesen, als es gebrannt hat?"

„Daran ist auch dieser Antonio schuld, ich bin sicher, der hat diesen Anschlag geplant und sie entführt."

Dann fragte der Kommissar noch nach seiner Familie und wie sie so miteinander auskommen würden. „Meine Frau ist die beste Frau der Welt", erklärte Balmer, „und meine Kinder liebe ich über alles, besonders Sarah. Wann kommt sie denn eigentlich wieder zurück zu uns? Ich bin schließlich ihr Vater und ich möchte, dass die Familie zusammenbleibt. Jetzt ist es schon zwei Wochen her, dass man sie gefunden hat."

Der Kommissar nickte und meinte dann nur: „Ja, da haben Sie recht, im Moment ist sie in einer Institution untergebracht, und sie muss noch gründlich untersucht werden, gerade auch wegen des angeblichen sexuellen Missbrauchs. Aber dann werden Sie Sarah sicher wiedersehen. Eine Frage habe ich noch: Sind Sie eifersüchtig auf diesen Antonio? Ihre Bemerkungen von wegen sexuellem Missbrauch machen mich doch sehr wach. Denken Sie wirklich, dass da etwas dahintersteckt?"

„Nun ja, ich denke, er ist schuld an dieser ganzen Geschichte. Das Mädchen hat ja nur noch Sex im Kopf gehabt."

„Wie haben Sie denn das gemerkt?"

„Nun, sie kämmte sich die Haare, strich die Lippen an und trug immer kurze Röcke, und wenn sie so aus dem Haus ging, wusste ich genau, sie trifft wieder diesen verdammten Italiener."

„Nehmen Sie noch einen Orangensaft?", versuchte der Polizist die Erregung des Mannes abzuschwächen. Der schüttelte den Kopf und murmelte, dass er ja wieder zur Arbeit gehen müsse.

Dann verabschiedete der Beamte den Mann freundlich. „Danke für Ihr Kommen und Ihre Mitarbeit, denn nur so können wir diesen Brandanschlag aufklären."

Als Toni nach Hause kam, wurde er schon sehnsüchtig von Paula erwartet: „Und wann kommt sie jetzt wieder nach Hause?"

„Sie wollen noch ein paar Abklärungen machen, ob sie noch Jungfrau ist oder von dem Mann vergewaltigt wurde. Aber dann kommt sie nach Hause." Toni nahm seine Frau in den Arm, denn der rannen die Tränen über die Wangen.

Auch Frau Balmer wurde verhört, und von ihr wollten die Beamten wissen, was für ein Verhältnis sie denn zu ihrem Mann habe.

„Oh, ich liebe meinen Mann und er liebt mich, er ist ein guter Mann und ein super Liebhaber." Sie errötete leicht bei diesen Worten und dem Polizisten entging das nicht.

Er hustete, um die peinliche Situation zu überbrücken, und dann stellte er die nächste Frage: „Warum soll jemand Ihr Haus anzünden, das macht doch nur jemand, der mit Ihnen im Streit liegt oder eifersüchtig ist oder was weiß ich."

„Nun, ich kann mir nicht vorstellen, dass jemand etwas gegen meinen Mann oder mich haben könnte, wir werden immer freundlich begrüßt und auch die Kinder sind immer gern gesehen. Sie sind die Polizei, Sie müssen das herausfinden!"

„Ja, ja, Frau Balmer, darum spreche ich ja mit Ihnen über diesen Brand. Dann könnte es von diesem Italiener kommen, hat der etwas gegen Sie?"

„Nein, aber ich denke, mein Mann hat etwas gegen ihn, und ich glaube auch, dass dieser ein Schlitzohr ist. Sarah ist vollkommen verknallt in den Typen, da verstehe ich meinen Mann, wenn er wütend ist, weil der sich an unsere minderjährige Tochter heranmacht."

„Danke, Frau Balmer, nun habe ich noch eine letzte Frage: Ihre Kinder reden sehr seltsame Worte, die eindeutig einen sexuellen Hintergrund aufweisen, haben Sie da eine Erklärung dafür?"

„Och, Sie wissen doch, wie das ist, das haben die von anderen Kindern gehört, diese Ausdrücke lernen sie doch schon im Kindergarten."

„Danke, Frau Balmer, ich habe im Moment keine anderen Fragen. Ich werde mich gegebenenfalls wieder bei Ihnen melden." Sie gaben sich die Hand und verabschiedeten sich freundlich.

Sarah wurde im Krankenhaus gründlich untersucht. Es schien alles in Ordnung zu sein, zumindest körperlich.

„So, Sarah, du darfst dich jetzt wieder anziehen, die Untersuchung ist abgeschlossen. Du kannst im Wartezimmer warten, die Frau Zellweger holt dich dann wieder ab."

Die Ärztin besprach sich danach mit dem Oberarzt, der natürlich wissen wollte, ob es irgendein Problem körperlicher Art gebe. „Körperlich ist alles in Ordnung, aber die Seele, da wird einiges zu klempnern sein. Das Mädchen scheint mir sehr traumatisiert."

„Danke, Frau Dr. Böhler, ich erwarte Ihren schriftlichen Bericht innerhalb einer Stunde. Ich muss ihn der Polizei zustellen."

Die Frau nickte und verließ das Büro des Chefarztes.

Draußen traf sie gerade die Sozialarbeiterin, die Sarah abholen sollte. „Ach, hallo, Frau Dr. Böhler, nun, ist alles in Ordnung?" Interessiert schaute die Frau die Ärztin an, bis diese meinte: „Ja körperlich schon, aber mit der Seele, da ist einiges im Argen."

„Danke für die Auskunft, also wurde sie nicht vergewaltigt, das ist doch schon mal etwas, oder? Wo ist sie denn?"

„Da vorne im Wartezimmer, sie weiß, dass sie jetzt abgeholt wird. Ich hoffe, dass dem Mädchen geholfen werden kann, diese ganze Geschichte scheint mir doch recht konfus."

Die beiden Frauen gaben sich die Hand und nickten einander zu.

Dr. Lehmann betrachtete das Mädchen, welches sich da vor ihm im Ohrensessel zusammenkauerte, die Beine übereinander geschlagen hatte und die Arme schützend verschränkt vor der Brust hielt, und dachte: Das ist also die Schwester von Ueli. Denn er hatte von den zerstörerischen Aktivitäten und den komischen Spielen des Knaben in der Therapie gehört. Und wie das Mädchen so verklemmt da saß, da ahnte der Fachmann schon, dass sexueller Missbrauch nicht auszuschließen, sondern sehr wahrscheinlich war. Der Fachmann fragte freundlich weiter: „Erzähl mir noch mehr aus deiner Familie, das interessiert mich."

Sarah hörte ihm gespannt zu. Dann nickte sie.

Dr. Lehmann betrachtete neugierig die Augen des dreizehnjährigen Mädchens. Und schließlich begann das Kind zu erzählen: „Strom hatten wir keinen und wenn es dunkel war, musste ich meine Hausaufgaben im Schein einer Kerze machen. Das hat mir aber nichts ausgemacht."

Dr. Lehmann nickte, um dem Kind Ermutigung zu geben, weiter zu erzählen.

„Und Papa war immer sehr lieb zu mir, er hat viel gespielt mit uns und konnte auch sehr gut Geschichten erzählen und Gitarre spielen. Ich liebe meinen Vater. Und er liebt mich auch."
„Ja, und liebt er auch deine Mutter und deine Geschwister? Erzähl ruhig weiter."
„Ja, ich will alles erzählen." Und dann begann das Mädchen seine Leidensgeschichte zu erzählen, und was da ans Licht kam, ließ auch dem erfahrenen Psychiater kalte Schauer den Rücken herunterrieseln.

„Immer Sonntags kam Papi in unser Zimmer, dann kitzelte er uns von Kopf bis Fuß und besonders gern machte er es zwischen den Beinen." Ihre Stimme wurde immer monotoner und melancholischer, sie wirkte jetzt wie ein Roboter und was sie erzählte, war dermaßen schockierend und schrecklich, dass auch dem abgebrühten Arzt fast das Herz stehen blieb.

Jetzt begann das Mädchen zu schluchzen.

Dr. Lehmann setzte sich zu ihr und nahm sie in seine Arme: „Weine nur, Sarah, lass alles heraus, hier darfst du weinen!"

Das Mädchen schluchzte jetzt ganz laut und Tränen rannen über ihre Wangen.

Dr. Lehmann wollte die aktuelle Schwäche des Mädchens ausnutzen und stellte weitere Fragen: „Und wann hat er dann das gemacht mit euch?"

„Am Sonntag, immer am Sonntag, jeden Sonntag vor dem Frühstück."

„Und deine Mami, die hat das nicht gemerkt?"

„Nein, die hat das nicht gemerkt, denn wir durften nie erzählen, was wir dort machten, sonst hätte uns Papa geschlagen."

„Aber du weißt, dass dein Papa das nicht hätte machen dürfen, das ist strafbar."

Das Mädchen nickte und schluchzte vor sich hin. „Aber ich liebe meinen Papa."

Dr. Lehmann setzte sich an sein Pult und stellte eine Telefonnummer ein. Kurz darauf hörte Sarah: „Sie soll in den vierten Stock. Ja, wir behalten das Mädchen in einem schönen Einzelzimmer."

Und zu Sarah sagte er: „Du bist ein tapferes Mädchen, und ich glaube, jetzt verstehe ich auch, warum du das Haus angezündet hast. Hat dir Antonio geholfen?"

Sarah nickte und erklärte weinend: „Niemand hat uns geholfen, und ich wollte dem Ganzen ein Ende setzen. Mama hätte das doch merken müssen, aber die hat uns auch nicht geholfen. Schade, sind nicht alle verbrannt."

Als Sarah im vierten Stock ihr Zimmer einrichtete, klickten auf der Baustelle bereits die Handschellen und ein fünffacher Familienvater wurde in Untersuchungshaft gesteckt. Die andern Arbeiter und Kollegen des Taglöhners wunderten sich über diese plötzliche Verhaftung mitten am Tag. In Handschellen wurde er zum Polizeiposten gebracht, wo ihm der Untersuchungsrichter klar erläuterte, was ihn erwartete: „Herr Balmer, ich denke, Sie wissen, weshalb Sie verhaftet wurden, oder?"

Toni Balmer schaute nur schuldlos drein, ohne ein Wort zu sagen.

„Ich verhafte Sie hiermit wegen Verdacht auf Unzucht mit ihren eigenen Kindern, Missbrauch der elterlichen Gewalt und alles, was Sie jetzt sagen, kann und wird gegen Sie verwendet werden." Die Untersuchungshaft wurde sofort eröffnet.

Der Mann bekam eine hohe Gefängnisstrafe und hatte auch noch viel Geld zu bezahlen. Seine Familie verließ den Kanton und zog von diesem schrecklichen Ort weg.

9. NACHWORT

Sarah und ihre Geschwister verließen mit ihrer Mutter den schrecklichen Ort, wo ihr Vater sie insgesamt über zehn Jahre Woche für Woche aufs Schlimmste missbrauchte. Und niemand nahm Notiz, auch wenn ab und zu das Wort von möglichem sexuellem Missbrauch die Runde machte. Aber weder der Kindergarten noch die Schule, noch die Dorfbewohner ahnten, was für schreckliche Dinge sich in diesem abgelegenen Haus jeden Sonntag abspielten. Es wollte einfach niemand wahrhaben, dass dieser nette Handwerker so ein böser Unhold sein sollte, der seine eigenen Kinder auf das Schlimmste jahrelang missbrauchte.

Die Kinder sind heute an einem sicheren Ort untergebracht und diejenigen, die diese Tortur am längsten aushalten mussten, sind noch heute mit einem schweren Trauma belastet und bedürfen therapeutischer Hilfe.

Auch die Mutter der Kinder hat eine schreckliche Zeit hinter sich und macht sich heute noch Vorwürfe, wieso sie dieses grausame Tun ihres Mannes jeden Sonntag nicht bemerkt hatte. Sie ist ebenfalls in psychologischer Behandlung.

Alle Kinder werden diese Ereignisse nie ganz vergessen können, denn ihre jungen unbelasteten Seelen sind mit diesen Taten klar vergiftet worden und werden ihr Leben lang an diese Zeiten erinnert werden.

Der Vater wurde verurteilt und sitzt seine Strafe in einem Zuchthaus ab. Seit seiner Verhaftung haben ihn die Kinder und seine Frau nie mehr gesehen und sie wollen ihn auch nicht mehr sehen, damit sie vergessen können, denn verzeihen werden sie nie, was er ihnen angetan hat.

Die Hälfte des Erlöses dieses Buches geht an die betroffene Mutter und ihre Kinder. Ich danke Ihnen für Ihre Unterstützung.

Gustav Weiss

Anmerkung: Ich habe diese fiktive Geschichte, die auf einer wahren Begebenheit beruht, erfunden und unter einem Pseudonym geschrieben, um Rückschlüsse auf die betroffene Familie zu verunmöglichen. Namen der Personen und Orte sind ebenfallls fiktiv.

Es soll ein Schutz für die Betroffenen sein. Ich danke für Ihr Verständnis.

Der Autor

Gustav Weiss hat zusammen mit seinem Zwillingsbruder 1951 das Licht der Welt erblickt. Seine Kindheit war alles andere als ein Zuckerschlecken. Sein Vater war ein Hilfsarbeiter und wurde immer mehr zum Alkoholiker, was keine positiven Auswirkungen auf die Lebensumstände der Kinder hatte. Mit diesen Erfahrungen im Gepäck erlernte Weiss einen sozialen Beruf und war als Sozialpädagoge für schwierige Kinder mehrere Jahre tätig. Diese Erfahrungen und das damit einhergehende Umfeld der Familien inspirierten ihn zum Schreiben.
Er gründete eine Kampfsportschule und unterrichtet dort noch immer auch Kinder aus schwierigen sozialen Verhältnissen. Er kämpft für mehr Menschlichkeit in unserer Gesellschaft und engagiert sich sehr für Kinder. Heute lebt er in der Schweiz am Bodensee und schreibt von der Seele nieder, was alles in seinem Umfeld schiefläuft auf Kosten von Kindern.

novum VERLAG FÜR NEUAUTOREN

Der Verlag

*Wer aufhört
besser zu werden,
hat aufgehört
gut zu sein!*

Basierend auf diesem Motto ist es dem novum Verlag ein Anliegen, neue Manuskripte aufzuspüren, zu veröffentlichen und deren Autoren langfristig zu fördern. Mittlerweile gilt der 1997 gegründete und mehrfach prämierte Verlag als Spezialist für Neuautoren in Deutschland, Österreich und der Schweiz.

Für jedes neue Manuskript wird innerhalb weniger Wochen eine kostenfreie, unverbindliche Lektorats-Prüfung erstellt.

Weitere Informationen zum Verlag und
seinen Büchern finden Sie im Internet unter:

www.novumverlag.com

Bewerten Sie dieses Buch auf unserer Homepage!

www.novumverlag.com